职业院校汽修类专业教材配套工作手册系列

U0646183

汽车底盘构造与维修
学生工作手册

产教融合　模块化教学

QICHE DIPAN
GOUZAO YU WEIXIU
XUESHENG GONGZUO SHOUCE

总主编　周乐山

主　编　李　烽

北京师范大学出版集团
BEIJING NORMAL UNIVERSITY PUBLISHING GROUP
北京师范大学出版社

图书在版编目(CIP)数据

汽车底盘构造与维修学生工作手册 / 李烽主编. —3 版.
—北京：北京师范大学出版社，2024.9
ISBN 978-7-303-28593-8

Ⅰ. ①汽… Ⅱ. ①李… Ⅲ. ①汽车－底盘－结构－高等职
业教育－教材②汽车－底盘－车辆修理－高等职业教育－教材
Ⅳ. ①U463.103②U472.41

中国版本图书馆 CIP 数据核字(2022)第 258704 号

图书意见反馈：zhijiao@bnupg.com
营销中心电话：010-58802755　58800035
编 辑 部 电 话：010-58806368

出版发行：北京师范大学出版社　www.bnupg.com
　　　　　北京市西城区新街口外大街 12-3 号
　　　　　邮政编码：100088
印　　刷：天津旭非印刷有限公司
经　　销：全国新华书店
开　　本：787 mm×1092 mm　1/16
印　　张：5.25
字　　数：106 千字
版　　次：2024 年 9 月第 3 版
印　　次：2024 年 9 月第 7 次印刷
定　　价：17.80 元

策划编辑：庞海龙　　　　责任编辑：林　子
美术编辑：焦　丽　　　　装帧设计：焦　丽
责任校对：陈　民　　　　责任印制：马　洁　赵　龙

致同学们

亲爱的同学们：

　　欢迎你们进入汽车专业课程学习阶段，为了更好地完成学习任务，我们编写了与教材配套的学生工作手册。本学生工作手册构建了一套完整的学习路径，用于任务实施前预习应知应会知识，任务实施过程中记录活动过程，任务完成后评价学习效果。

一、关于学习路径

　　学习路径为学生提供支撑其职业技能成长的综合学习方案，是对学生学习成长过程的科学规划。

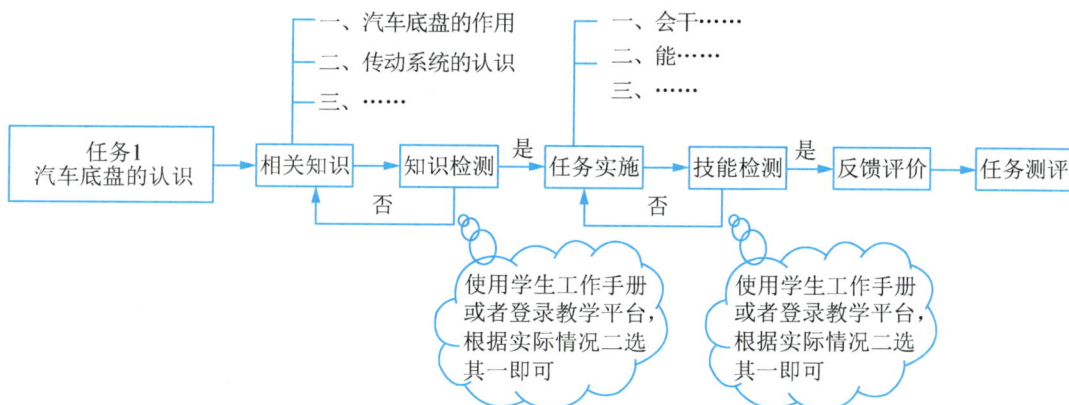

二、关于学习型小组

　　学习型小组是一个为共同完成学习任务目标，共享信息和其他资源，按一定的规则和程序，通过充分沟通和协商开展学习任务的小组。

　　为了更好地进行课程学习，在学习本课程前，请根据老师的要求，组建学习型小组。（要求：确定小组全体成员，选出小组组长，确定小组名称，选定一个富有激励作用的座右铭，制定好相应的小组公约）

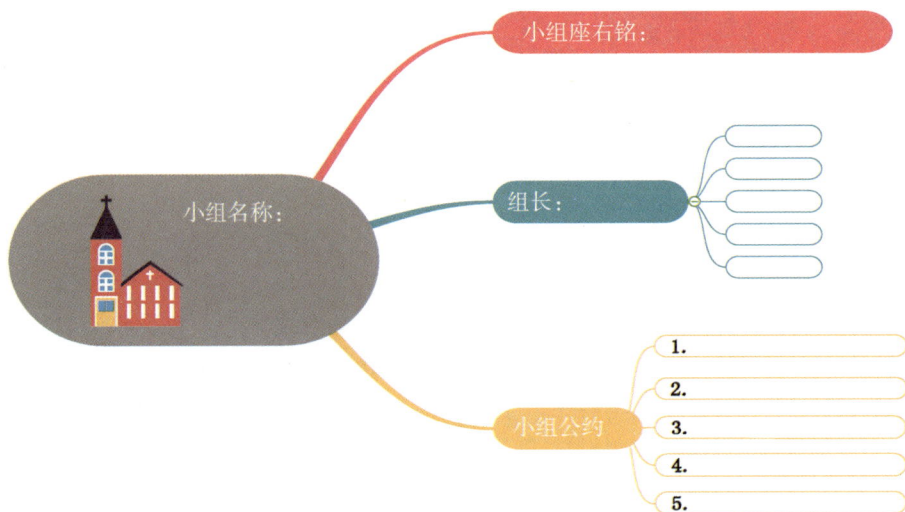

小组座右铭：

小组名称：

组长：

小组公约
1.
2.
3.
4.
5.

三、关于学习合同

  学习合同是指学生与教师充分沟通后订立的教学合同，在课程学习前订立，便于教师了解学生对本课程学习内容、方法、效果的期望，同时学生也能了解教师对课程教学中学生要遵守的规则、学习方式、学习效果的期望。本学习合同要经过师生充分讨论后订立，并在课程教学过程中相互遵守。

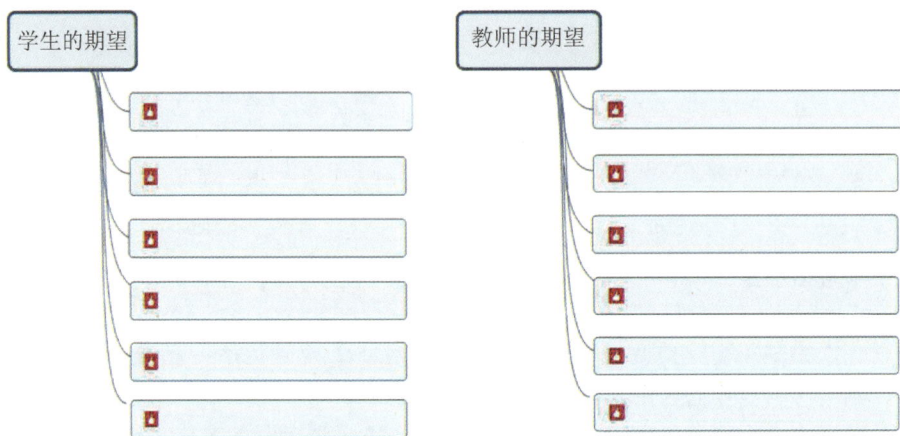

学生的期望

教师的期望

  接下来，让我们一起进入本课程的学习。

目　录

项目 1
汽车底盘基础

任务 1　汽车底盘的认识

知识储备 ————————————————————————————————————

1. 汽车底盘的作用。

汽车底盘的作用是支承、安装汽车发动机及其各部件、总成，形成汽车的整体造型，并接受发动机的_____，使汽车产生_____，保证_____。底盘由传动系统、行驶系统、转向系统和制动系统四部分组成。请在下图中将四大系统填在对应位置。

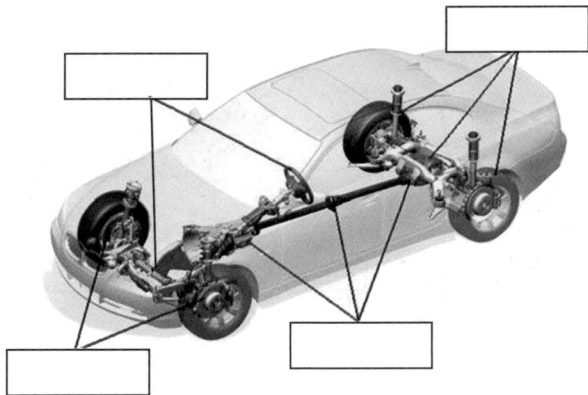

2. 传动系统的认识。

传动系统指位于发动机到汽车_____之间传递动力的装置。传动系统的基本功能是接受发动机的动力并传给驱动轮。除此之外，它还具有_____、_____、倒车、中断动力、轮间差速和轴间差速等功能。对于前置后驱的汽车来说，发动机发出的转矩依次经过离合器、变速器、万向节、传动轴、主减速器、差速器、半轴传给后车轮。请将下图中的总成补充完整。

后差速器

发动机

发动机➡离合器➡变速器➡传动轴

驱动轮⬅半轴⬅差速器

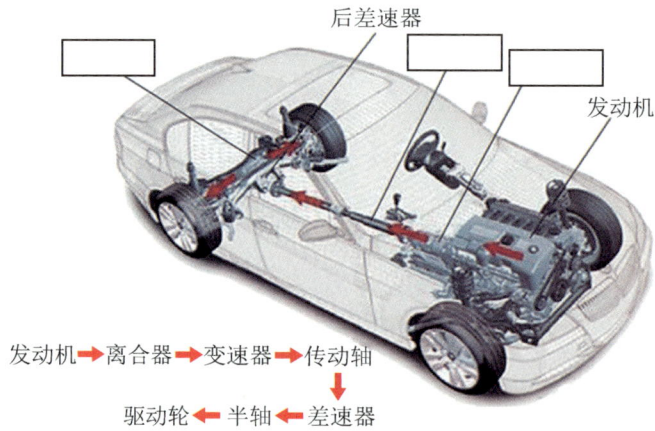

3. 行驶系统的认识。

行驶系统接受发动机经传动系统传来的转矩，并通过_____与_____间的附着作用，产生汽车_____，保证汽车正常行驶；尽可能缓和不平路面对车身造成的冲击和振动，保证汽车行驶的_____；与汽车转向系统配合，保证汽车的操纵_____。

行驶系统主要由车架、车桥、悬架和车轮组成，请将下图补充完整。

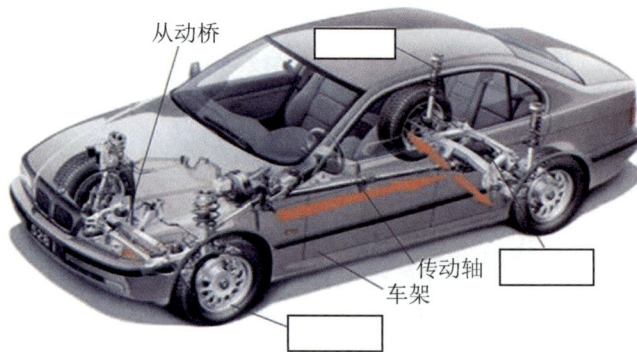

从动桥

传动轴

车架

4. 转向系统的认识。

用来_____或_____汽车行驶方向的机构称为汽车转向系统。请将下图液压助力转向系统的部件补充完整。

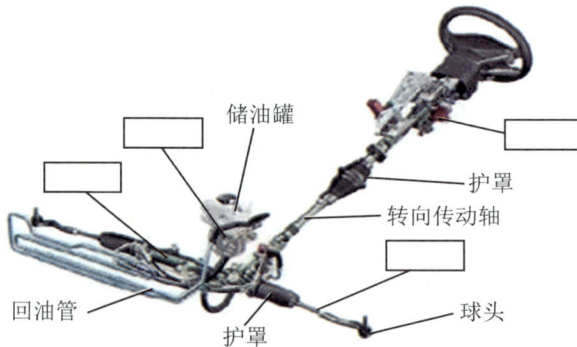

储油罐

护罩

转向传动轴

回油管

护罩

球头

5. 制动系统的认识。

制动系统的主要功用是使行驶中的汽车_____甚至_____、使下坡行驶的汽车速度保持_____、使已停驶的汽车保持_____。请将下图液压制动系统的部件补充完整。

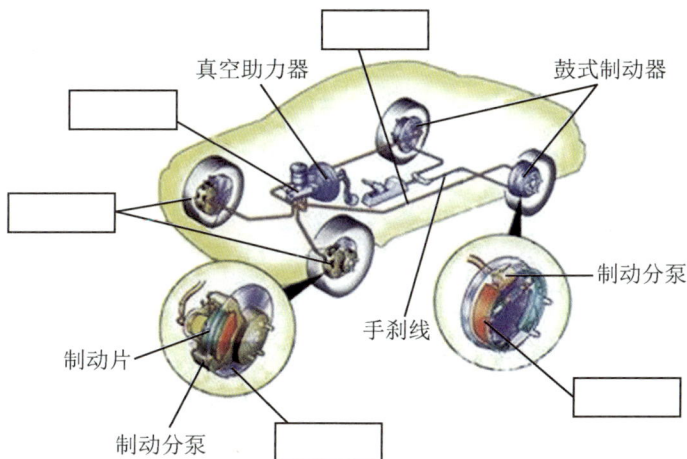

任务实施

1. 请根据任务实施过程完成工作单。

序号	作业内容	记录要点
1	查找并记录车辆基本信息	VIN 码： 车辆外观：
2	判断传动系统的类型	判断传动系统的类型(前驱/后驱/四驱)： 判断变速箱的类型(MT/AT)：
3	观察差速器工作情况	
4	绘制本车传动路线	发动机→_____→驱动轮
5	识别行驶系统	车架的类型： 前桥是：　　　　　　后桥是： 缓冲元件是： 前后车轮钢圈类型是(铁质/铝合金)：
6	识别制动系统	前轮制动器类型(盘式/鼓式)： 后轮制动器类型(盘式/鼓式)： 驻车制动器类型(机械式/电子式)：
7	识别转向系统	转向助力系统类型(液压/电动)：
8	识别离合器、制动器踏板	离合器踏板： 制动器踏板：

2. 请记录任务实施过程中出现的问题。

_____

_____

_____

_____

_____

反馈评价

评价内容	赋分	序号	具体指标	分值	得分		
					自评	组评	师评
仪容仪表	15	1	工作服、鞋、胸卡穿戴整洁	5			
		2	发型、指甲等符合工作要求	5			
		3	不佩戴首饰、钥匙、手表等	5			
工作安全	15	4	走路文明，不打闹	5			
		5	操作过程沉着冷静	5			
		6	无人员受伤及设备损坏事故	5			
工作过程	45	7	不带违禁食品、饮料，手机关机	5			
		8	积极参与小组学习	5			
		9	完成学生手册知识储备内容	5			
		10	能在车上正确找到底盘四大系统各组成部件	20			
		11	完成工作单填写	10			
职业素养	25	12	坚持出勤，遵守规章制度	5			
		13	服从安排，积极参加组内活动	5			
		14	在规定时间内完成任务，认真填写工作单	5			
		15	节约用水、用电、用气，注意环保	5			
		16	认真执行 5S 工作	5			
综合得分				100			

任务测评

一、单项选择题

1. 下面不属于汽车底盘作用的是(　　)。

A. 支承、安装汽车发动机及其各部件、总成

B. 形成汽车的整体造型，并接受发动机的动力

C. 使汽车产生运动，保证正常行驶

D. 是汽车的动力源

2. 下面不属于汽车底盘部分的总成或机构的是(　　)。

A. 传动轴　　　　　B. 变速箱　　　　　C. 起动机　　　　　D. 减振器

3. 接受发动机经传动系统传来的转矩，并通过驱动轮与路面间的附着作用，产生汽车牵引力的是(　　)。

A. 传动系统　　　　B. 行驶系统　　　　C. 转向系统　　　　D. 制动系统

二、判断题

1. 汽车底盘由传动系统、行驶系统、转向系统和驱动桥四部分组成。(　　)

2. 典型的发动机前置后驱的汽车，发动机发出的转矩依次经过离合器、变速器、万向节、主减速器、传动轴、差速器、半轴传给后车轮。(　　)

3. 汽车制动系统主要由供能装置、控制装置、传动装置和制动器四部分组成。(　　)

4. 汽车转向系统对汽车的行驶安全至关重要，因此汽车转向系统的零件都称为保安件。(　　)

任务 2　汽车底盘维护设备的认识

知识储备

1. 汽车底盘维护的意义和方法。

汽车底盘是否维护得法，直接关系到汽车的安全性、＿＿＿＿＿＿、＿＿＿＿＿＿和经济性等各种关键的性能，丝毫不能掉以轻心。汽车底盘维护和发动机维护有很多相似之处，以＿＿＿＿＿＿维护为主，视情维修为辅。

车辆所执行的维修作业是根据实际情况按需要进行的(视情)。当车辆在使用过程中出现＿＿＿＿＿＿时，或在定期维护作业中，经检查需要进行有关的技术维护或修理作业时，才进行必要的维修。

在汽车定期维护作业中，检查底盘的主要总成、部件及其相关零件，必要时，进行＿＿＿＿＿＿、＿＿＿＿＿＿、＿＿＿＿＿＿、＿＿＿＿＿＿或更换。

2. 汽车底盘维护设备的认识。

请根据设备图片写出设备名称及主要用途。

	名称： 用途：		名称： 用途：
	名称： 用途：		名称： 用途：
	名称： 用途：		名称： 用途：
			名称： 用途：

任务实施

1. 请调查本校实训基地用于汽车底盘维护的主要设备，并填写下表。

序号	设备名称	主要用途
1		
2		
3		
4		
5		
6		
7		
8		
9		
10		

2. 请记录任务实施过程中出现的问题。

_____

_____

_____

_____

_____

反馈评价

评价内容	赋分	序号	具体指标	分值	得分		
					自评	组评	师评
仪容仪表	15	1	工作服、鞋、胸卡穿戴整洁	5			
		2	发型、指甲等符合工作要求	5			
		3	不佩戴首饰、钥匙、手表等	5			
工作安全	15	4	走路文明，不打闹	5			
		5	操作过程沉着冷静	5			
		6	无人员受伤及设备损坏事故	5			

续表

评价内容	赋分	序号	具体指标	分值	得　分		
					自评	组评	师评
工作过程	45	7	不带违禁食品、饮料，手机关机	5			
		8	积极参与小组学习	5			
		9	完成学生手册知识储备内容	5			
		10	见到主要设备能说出名称及用途	15			
		11	完成工作单填写	15			
职业素养	25	12	坚持出勤，遵守规章制度	5			
		13	服从安排，积极参加组内活动	5			
		14	在规定时间内完成任务，认真填写工作单	5			
		15	节约用水、用电、用气，注意环保	5			
		16	认真执行 5S 工作	5			
综合得分				100			

任务测评

一、单项选择题

1. 关于汽车底盘的维护，下面说法不正确的是(　　)。

A. 定期维护为主，视情修理为辅

B. 可有可无，不如发动机维护重要

C. 维护得法，直接关系到汽车的安全性、操控性、舒适性和经济性

D. 一、二级维护均由维修企业负责执行

2. 下面不属于汽车底盘维护的作业内容是(　　)。

A. 车轮动平衡　　　　　　　　　B. 四轮定位

C. 制动液定期更换　　　　　　　D. 冷却液定期更换

3. 轮胎损坏后需要更换新轮胎，不需要用到的设备是(　　)。

A. 扒胎机　　　　　　　　　　　B. 动平衡机

C. 举升机或千斤顶　　　　　　　D. 制动液更换机

二、判断题

1. 汽车底盘的定期维护与发动机、车身一样重要，丝毫不能掉以轻心。(　　)

2. 当发现汽车行驶跑偏，可用四轮定位设备做车轮定位检查与调整。(　　)

3. 变速箱、驱动桥等总成拆解维修时，可以放在地面上进行操作。(　　)

项目 **2**
传动系统的构造与检修

任务 1　离合器的检修

知识储备 —————————————————————————————————

1. 离合器的功用及要求。

(1)离合器的功用：

①_____

②_____

③_____

④_____

(2)对离合器的要求是：

①_____

②_____

③_____

④_____

⑤_____

⑥_____

2. 下图是离合器的结构图，请在图和表中分别填写各部分的序号和名称。

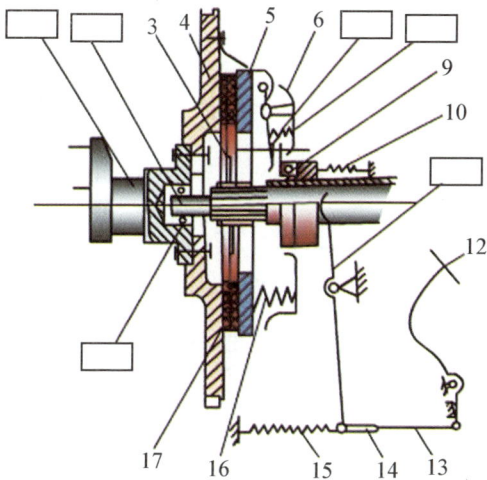

1	曲轴	10	
2	从动轴	11	分离叉
3		12	
4		13	
5		14	
6		15	
7	分离杠杆	16	
8	弹簧	17	
9		18	轴承

3. 简述离合器的工作原理。

(1)接合状态：_____

_____

_____

(2)分离过程：_____

_____

(3)接合过程：_____

_____

_____

4. 填写下列表格。

按不同的分类方式填写摩擦式离合器的分类。

按从动盘的数目不同分	
按弹簧的类型和布置形式不同分	
按操纵机构的不同分	

5. 简述离合器的自由间隙和踏板的自由行程。

_____

_____

_____

_____

任务实施

1. 请在车上找出下面各图示部件，并写出其专业名称。

（1）
_____

（2）
_____

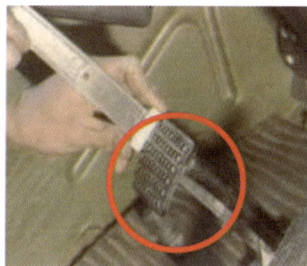
（3）
_____

2. 请记录任务实施过程中出现的问题。

_____

_____

_____

_____

_____

反馈评价

评价内容	赋分	序号	具体指标	分值	得　分		
					自评	组评	师评
仪容仪表	15	1	工作服、鞋、胸卡穿戴整洁	5			
		2	发型、指甲等符合工作要求	5			
		3	不佩戴首饰、钥匙、手表等	5			
工作安全	15	4	走路文明，不打闹	5			
		5	操作过程沉着冷静	5			
		6	无人员受伤及设备损坏事故	5			
工作过程	45	7	不带违禁食品、饮料，手机关机	5			
		8	积极参与小组学习	5			
		9	完成学生手册知识储备内容	5			
		10	能正确说出传动系统各组成部件的名称	10			
		11	能在车上正确找到传动系统各组成部件	20			

续表

评价内容	赋分	序号	具体指标	分值	得 分		
					自评	组评	师评
职业素养	25	12	坚持出勤，遵守规章制度	5			
		13	服从安排，积极参加组内活动	5			
		14	在规定时间内完成任务，认真填写工作单	5			
		15	节约用水、用电、用气，注意环保	5			
		16	认真执行 5S 工作	5			
综合得分				100			

任务测评

一、选择题

1. 离合器的主动部分包括(　　)。

A. 飞轮　　　　　　B. 离合器　　　　　　C. 压盘　　　　　　D. 摩擦片

2. 离合器的从动部分包括(　　)。

A. 离合器盖　　　　B. 压盘　　　　　　　C. 从动盘　　　　　D. 压紧弹簧

3. 离合器分离轴承与分离杠杆之间的间隙是为了(　　)。

A. 实现离合器踏板的自由行程

B. 减轻从动盘磨损

C. 防止热膨胀失效

D. 保证摩擦片正常磨损后离合器不失效

4. 膜片弹簧离合器的膜片弹簧起到(　　)的作用。

A. 压紧弹簧　　　　B. 分离杠杆　　　　　C. 从动盘　　　　　D. 主动盘

5. 离合器的从动盘主要由(　　)构成。

A. 从动盘本体　　　B. 压盘　　　　　　　C. 从动盘毂　　　　D. 摩擦片

二、判断题

1. 离合器的主、从动部分常处于分离状态。(　　)

2. 为使离合器接合柔和，驾驶员应逐渐放松离合器。(　　)

3. 离合器踏板的自由行程过大会造成离合器的传力性能下降。(　　)

4. 离合器从动部分的转动惯量应尽可能大。(　　)

5. 双片离合器中间压盘的前后，都需设有限位装置。(　　)

6. 离合器的摩擦衬片上粘有油污后，可得到润滑。(　　)

任务 2 手动变速器的检修

1. 手动变速器有三大作用，分别是：

① _____

② _____

③ _____

2. 手动变速器的组成。

手动变速器主要由_____、_____、_____三部分组成。

3. 手动变速器的分类。

按齿轮传动方式分，主要有_____和_____两种手动变速器。

4. 手动变速器的变速、变向原理。

(1) 变速原理。

手动变速器是利用不同齿数啮合传动来实现_____和_____的改变的。

传动比指主动齿轮(输入轴)转速与从动齿轮(输出轴)转速的比值，用字母 i_{12} 表示。设主动齿轮转速为 n_1，齿数为 z_1，从动齿轮转速为 n_2，齿数为 z_2，则传动比

$$i_{12} = \underline{\quad\quad} = \underline{\quad\quad}$$

(2) 变向原理。

齿轮啮合传动分_____和_____传动，外啮合的一对齿轮传动，两齿轮旋向_____；两对外啮合齿轮输入轴与输出轴转向_____。

5. 手动变速器操纵机构。

(1) 功用：_____。

(2) 手动变速器操纵机构类型：

根据变速器变速杆与变速器的相互位置的不同，手动变速器操纵机构可分为_____和_____两种类型。

6. 同步器。

(1) 作用：

① _____ ；

② 阻止在同步之前轮齿进行啮合；

③ 防止产生接合齿圈之间的冲击；

④ _____ ；

⑤ 延长齿轮寿命。

(2)分类：

同步器按工作原理可分为_____、_____和_____三种。

惯性式同步器根据锁止机构不同，可分为_____和_____两种。

任务实施

1. 请在下面各图示部件中，写出其专业名称。

	名称：_____
	名称：_____
	名称：_____

2. 请记录任务实施过程中出现的问题。

_____

_____

_____

_____

_____

反馈评价

评价内容	赋分	序号	具体指标	分值	得分		
					自评	组评	师评
仪容仪表	15	1	工作服、鞋、胸卡穿戴整洁	5			
		2	发型、指甲等符合工作要求	5			
		3	不佩戴首饰、钥匙、手表等	5			

续表

评价内容	赋分	序号	具体指标	分值	得 分		
					自评	组评	师评
工作安全	15	4	走路文明，不打闹	5			
		5	操作过程沉着冷静	5			
		6	无人员受伤及设备损坏事故	5			
工作过程	45	7	不带违禁食品、饮料，手机关机	5			
		8	积极参与小组学习	5			
		9	完成学生手册知识储备内容	5			
		10	能正确说出 M32 变速器各组成部件名称	10			
		11	能在台架上正确拆装 M32 变速器各组成部件	20			
职业素养	25	12	坚持出勤，遵守规章制度	5			
		13	服从安排，积极参加组内活动	5			
		14	在规定时间内完成任务，认真填写工作单	5			
		15	节约用水、用电、用气，注意环保	5			
		16	认真执行 5S 工作	5			
综合得分				100			

任务测评

一、选择题

1. 下面哪个选项不属于手动变速器操纵机构组成？（　　）

A. 拨叉　　　　B. 互锁销　　　　C. 拨叉轴　　　　D. 斜齿轮

2. 属于二轴式变速器的部件有（　　）。

A. 输入轴　　　　B. 输出轴　　　　C. 倒挡轴　　　　D. 中间轴

二、判断题

1. M32 手动变速器中的上主轴有 4 个斜齿轮。（　　）

2. M32 手动变速器中的下主轴有 4 个斜齿轮。（　　）

3. 目前轿车上变速器的操作机构采用的是直接操纵式。（　　）

4. 变速器工作中不应同时挂入两个挡，应由互锁装置来保证。（　　）

5. 外啮合的一对齿轮传动，两齿轮旋向相反。（　　）

任务 3　自动变速器的认识

知识储备

1. 自动变速器有三大作用，分别是：

① _____

② _____

③ _____

2. 自动变速器的组成。

自动变速器主要由_____、_____、_____三部分组成。

3. 自动变速器的分类。

按传动方式可分为：_____、_____、_____自动变速器。

4. 油泵安装位置是：位于_____和_____之间。

5. 行星齿轮机构由一个_____、_____（包括若干个_____）和一个_____组成。

6. 自动变速器的挡位有_____、_____、_____、_____、_____、_____。

7. 自动变速器的工作原理。

液力变矩器利用_____的流动，将来自发动机的_____传递给_____，同时，液压控制系统根据行驶需要（节气门开度、车速等信号）来操纵_____、_____等执行元件，通过齿轮传动机构获得相应的_____和_____，自动实现变速换挡。

8. 自动变速器单级行星齿轮传动机构的工作过程。

固定	输入	输出	变速	i	方向
行星架					
太阳轮					
齿圈					

任务实施

请记录任务实施过程中出现的问题。

_____

_____

_____

反馈评价

评价内容	赋分	序号	具体指标	分值	得 分		
					自评	组评	师评
仪容仪表	15	1	工作服、鞋、胸卡穿戴整洁	5			
		2	发型、指甲等符合工作要求	5			
		3	不佩戴首饰、钥匙、手表等	5			
工作安全	15	4	走路文明,不打闹	5			
		5	操作过程沉着冷静	5			
		6	无人员受伤及设备损坏事故	5			
工作过程	45	7	不带违禁食品、饮料,手机关机	5			
		8	积极参与小组学习	5			
		9	完成学生手册知识储备内容	5			
		10	能在实车上正确更换自动变速器油液	20			
		11	能在实车上规范检查自动变速器油液	10			
职业素养	25	12	坚持出勤,遵守规章制度	5			
		13	服从安排,积极参加组内活动	5			
		14	在规定时间内完成任务,认真填写工作单	5			
		15	节约用水、用电、用气,注意环保	5			
		16	认真执行 5S 工作	5			
综合得分				100			

任务测评

一、选择题

1. 下面哪个选项不属于内啮合齿轮泵组成? (   )

A. 起主动作用的小齿轮   B. 从动的内齿轮

C. 月牙形隔板   D. 叶片

2. 液力变矩器主要由(   )组成。

A. 泵轮   B. 涡轮   C. 导轮   D. 飞轮

二、判断题

1. 单向离合器的作用是只允许在一个方向上的运动，相反方向锁止。(   )

2. 大多数自动变速器采用斜齿轮变速机构。(   )

3. 在单级行星齿轮机构中，三元件自由转动，能传递动力。(   )

4. 在自动变速器液压控制系统中，工作介质是自动变速器油。(   )

5. 叶片泵的缺点：结构复杂，对液压油的污染比较敏感。(   )

任务 4   万向传动装置的检修

知识储备 ————————————————————————————————————

1. 万向传动装置的功用是：

_____

_____

2. 下图是万向传动装置组成的结构图，请在图和表中分别填写各部分的序号和名称。

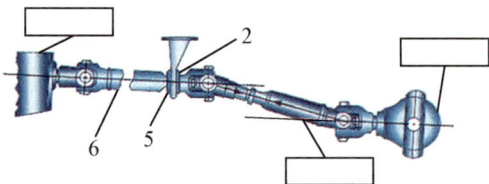

1	变速器
2	
3	后驱动桥
4	后传动轴
5	
6	

3. 万向传动装置在汽车上的应用有四处，分别是：

① _____

② _____

③ _____

④ _____

4. 万向节的类型和应用特点。

① 万向节按其在扭转方向上是否有明显的弹性，可分为_____和_____，应用较多的是_____。

②刚性万向节包括_____、_____和_____。

③_____为汽车上广泛使用的_____，允许相邻两轴的最大交角为_____°～_____°，它是目前汽车传动系统中应用最广泛的一种万向节。

④十字轴式刚性万向节的特点是：_____

_____

_____。

⑤双联式万向节的优点是：_____

_____。

⑥三销轴式万向节的优点是：_____

_____。

⑦等速万向节多用于_____，

常用的类型有_____、_____和_____。

5．挠性万向节的优点。

_____

_____

_____

6．传动轴。

①传动轴是万向传动装置中的主要传力部件，通常用来连接_____和_____。

②传动轴有实心轴和空心轴之分，_____、_____和_____通常制成实心轴。

③空心轴一般用厚度为_____的薄钢板卷焊而成。

④下图是增加带中间支承的前传动轴的结构图，请在图和表中分别填写各部分的序号和名称。

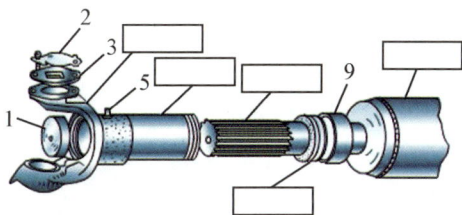

1	
2	
3	
4	万向节叉
5	
6	伸缩套
7	滑动花键槽
8	油封
9	
10	传动轴管

任务实施

1. 请在车上找出下面各图示传动的部件，并写出其专业名称。

（1）

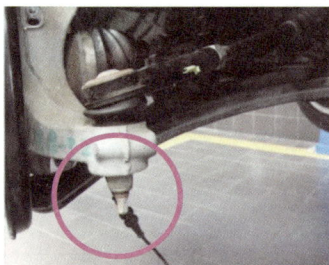
（2）

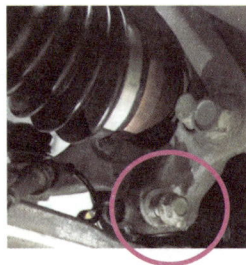
（3）

_____

_____

_____

（4）

（5）

（6）

_____

_____

_____

2. 请记录任务实施过程中出现的问题。

_____

_____

_____

_____

_____

反馈评价

评价内容	赋分	序号	具体指标	分值	得分		
					自评	组评	师评
仪容仪表	15	1	工作服、鞋、胸卡穿戴整洁	5			
		2	发型、指甲等符合工作要求	5			
		3	不佩戴首饰、钥匙、手表等	5			

续表

评价内容	赋分	序号	具体指标	分值	得分		
					自评	组评	师评
工作安全	15	4	走路文明，不打闹	5			
		5	操作过程沉着冷静	5			
		6	无人员受伤及设备损坏事故	5			
工作过程	45	7	不带违禁食品、饮料，手机关机	5			
		8	积极参与小组学习	5			
		9	完成学生手册知识储备内容	5			
		10	能正确说出传动系统各组成部件的名称	10			
		11	能在车上正确找到传动系统各组成部件	20			
职业素养	25	12	坚持出勤，遵守规章制度	5			
		13	服从安排，积极参加组内活动	5			
		14	在规定时间内完成任务，认真填写工作单	5			
		15	节约用水、用电、用气，注意环保	5			
		16	认真执行 5S 工作	5			
综合得分				100			

任务测评

一、选择题

1. 主、从动轴具有最大交角的万向节是(　　)。

A. 使笼式　　　　　B. 球叉式　　　　　C. 双联式　　　　　D. 三销轴式

2. 下面万向节中属于等速万向节的是(　　)。

A. 球笼式　　　　　B. 双联式　　　　　C. 球叉式　　　　　D. 三销轴式

3. 为了提高传动轴的强度和刚度，传动轴一般都做成(　　)。

A. 空心的　　　　　B. 实心的　　　　　C. 半空、半实的　　　　　D. 无所谓

二、判断题

1. 刚性万向节是靠零件的铰链式连接来传递动力的，而挠性万向节则是靠弹性零件来传递动力的。(　　)

2. 在汽车行驶过程中，传动轴的长度可以自由变换。(　　)

3. 传动轴两端的万向节叉，安装时应在同一平面内。(　　)

4. 常用的准等速万向节有球叉式、球笼式和三叉式。(　　)

5. 刚性万向节无须润滑，不存在磨损问题。(　　)

任务 5　驱动桥的检修

知识储备

1. 动桥的功用是：

_____

_____

2. 下图是驱动桥的组成结构图，请在图和表中分别填写各部分的序号和名称。

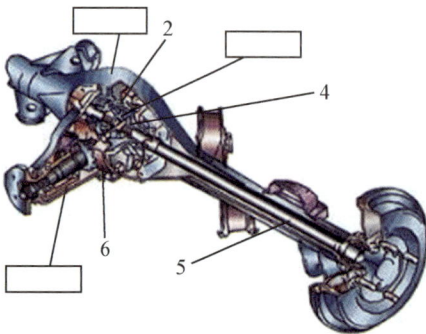

1	后桥壳
2	
3	差速器行星齿轮
4	
5	
6	
7	主减速器主动小齿轮

3. 以下部件的作用是：

桥壳：_____

主减速器：_____

差速器：_____

半轴：_____

4. 主减速器的功用与类型。

①主减速器的功用是：

_____

_____

_____。

②主减速器按齿轮副数目分可分为_____和_____；按传动比挡数可分为_____和_____；按齿轮副结构形式可分为_____、_____和_____。

5. 差速器的功用与类型。

①差速器按其工作特性可分为_____和_____两大类。在现代汽车中，应用最广泛的差速器是_____。

②差速器的功用：_____

_____

_____。

6. 半轴的功用与类型。

①半轴的功用是将差速器传来的动力传递给_____，其内端与差速器的_____

相连，而外端则与驱动轮的_____。

②半轴的受力情况，由半轴和驱动轮在桥壳上的支承形式而定，现代汽车基本上采用_____支承和_____支承形式。

③下图是全浮式半轴支承的结构图，请在图和表中分别填写各部分的序号和名称。

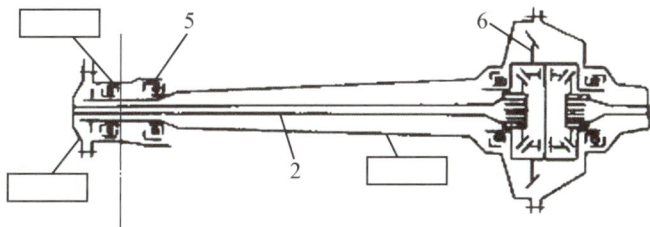

1	桥壳
2	
3	轴承
4	半轴凸缘
5	
6	

任务实施

1. 请在主减速器总成上找出下面各图示部件，并写出其专业名称。

（1）

（2）

（3）

（4）

（5）

（6）

2. 请记录任务实施过程中出现的问题。

_____

_____

_____

_____

_____

反馈评价

评价内容	赋分	序号	具体指标	分值	得 分		
					自评	组评	师评
仪容仪表	15	1	工作服、鞋、胸卡穿戴整洁	5			
		2	发型、指甲等符合工作要求	5			
		3	不佩戴首饰、钥匙、手表等	5			
工作安全	15	4	走路文明，不打闹	5			
		5	操作过程沉着冷静	5			
		6	无人员受伤及设备损坏事故	5			
工作过程	45	7	不带违禁食品、饮料，手机关机	5			
		8	积极参与小组学习	5			
		9	完成学生手册知识储备内容	5			
		10	能正确说出转向系统各组成部件的名称	10			
		11	能在车上正确找到转向系统各组成部件	20			
职业素养	25	12	坚持出勤，遵守规章制度	5			
		13	服从安排，积极参加组内活动	5			
		14	在规定时间内完成任务，认真填写工作单	5			
		15	节约用水、用电、用气，注意环保	5			
		16	认真执行 5S 工作	5			
综合得分				100			

任务测评 ————————————————————————————————————— //////////////

一、单项选择题

1. 行星齿轮差速器起作用的时刻为(　　　)。

A. 汽车转弯　　　　　　　　　　　　B. 直线行驶

C. A 和 B 情况下都起作用　　　　　　D. A 和 B 情况下都不起作用

2. 设对称式锥齿轮差速器壳的转速为 n，左右两侧半轴齿轮的转速分别为 n_1 和 n_2，则有(　　　)。

A. $n_1 + n_2 = n$　　　　　　　　　　B. $n_1 + n_2 = 2n$

C. $n_1 + n_2 = 1/2n$　　　　　　　　D. $n_1 = n_2 = n$

3. 全浮半轴承受(　　　)的作用。

A. 转矩　　　　　　B. 弯矩　　　　　　C. 反力　　　　　　D. A，B，C

二、判断题

1. 齿轮啮合的正确痕迹应位于中部偏向小端，接触痕迹的长度不小于 50%。(　　　)

2. 双速主减速器就是具有两对齿轮传动副的主减速器。(　　　)

3. 半浮式支承的半轴易于拆装，不需拆卸车轮就可以将半轴抽下。(　　　)

4. 当采用半浮式半轴支承时，半轴与桥壳没有直接联系。(　　　)

5. 当汽车在一般条件下行驶时，应选用双速主减速器中的高速挡，而在行驶条件较差的时候则采用低速挡。(　　　)

项目 3
转向系统的构造与检修

任务 1　转向系统的认识

知识储备

1. 转向系统是底盘的重要组成部分，它有四个作用，分别是：

①_____

②_____

③_____

④_____

2. 下图是液压助力转向系统的结构图，请在图和表中分别填写各部分的序号和名称。

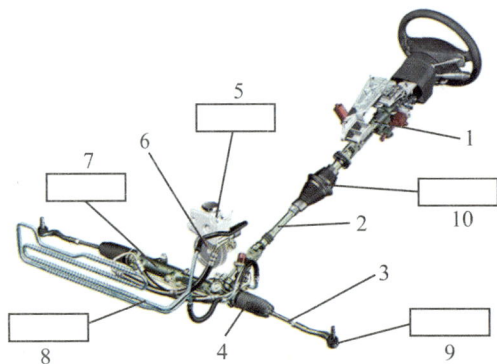

1	
2	
3	
4	
5	储油罐
6	
7	动力缸
8	回油管
9	球头
10	护罩

3. 转向系统的组成。

①转向系统由_____、_____和_____组成。

②转向操纵系统的作用是：

_____

③转向器是转向系统的_____装置，它将转向盘的_____变为齿条轴的_____或转向摇臂的_____，降低运动速度，_____转向力矩并改变转向力矩的_____。

④目前广泛使用的转向器有_____和_____两种形式。

⑤转向传动机构的作用是：

_____

⑥当转向桥采用独立悬架时，每个转向轮都需要相对于车架(或车身)做_____，因而转向桥必须是_____。

⑦常见的转向盘吸能装置有哪三种？

_____

⑧请把转向系统动力传递路线中缺失的部分填写完整。

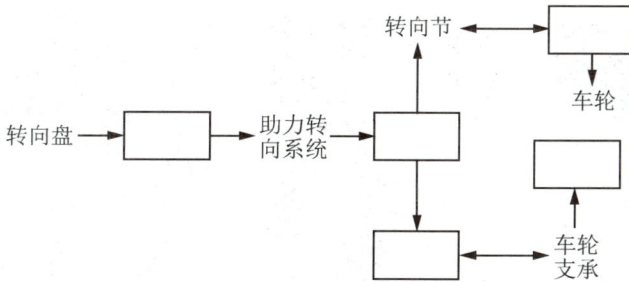

⑨请把下面的表格填写完整。

_____式转向器	_____式转向器
特点：	特点：
适用车型_____	适用车型_____

任务实施

1. 请在车上找出下面各图示转向系统部件，并写出其专业名称。

（1）

_____

（2）

_____

（3）

_____

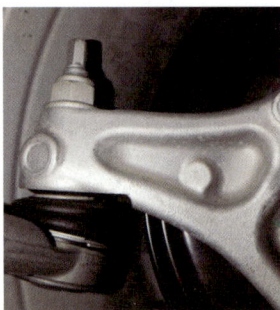

（4）

_____

（5）

_____

（6）

_____

2. 请记录任务实施过程中出现的问题。

_____

_____

_____

_____

_____

反馈评价

评价内容	赋分	序号	具体指标	分值	得分		
					自评	组评	师评
仪容仪表	15	1	工作服、鞋、胸卡穿戴整洁	5			
		2	发型、指甲等符合工作要求	5			
		3	不佩戴首饰、钥匙、手表等	5			

续表

评价内容	赋分	序号	具体指标	分值	得　分		
					自评	组评	师评
工作安全	15	4	走路文明，不打闹	5			
		5	操作过程沉着冷静	5			
		6	无人员受伤及设备损坏事故	5			
工作过程	45	7	不带违禁食品、饮料，手机关机	5			
		8	积极参与小组学习	5			
		9	完成学生手册知识储备内容	5			
		10	能正确说出转向系统各组成部件的名称	10			
		11	能在车上正确找到转向系统各组成部件	20			
职业素养	25	12	坚持出勤，遵守规章制度	5			
		13	服从安排，积极参加组内活动	5			
		14	在规定时间内完成任务，认真填写工作单	5			
		15	节约用水、用电、用气，注意环保	5			
		16	认真执行 5S 工作	5			
综合得分				100			

任务测评

一、选择题

1. 下面不属于转向系统的作用是(　　)。

A. 使前轮在任何速度下和车辆静止时都能转向所需要的方向

B. 传递转向时的作用力和转动转向盘

C. 实现较大的转弯半径

D. 在不影响转向性能的情况下承受作用在转向系统上的制动力和驱动力

2. 下面属于液压助力转向系统的特点有(　　)。

A. 结构复杂，部件多

B. 需要液压油传递动力，需进行常规保养

C. 易产生漏油现象

D. 发动机工作期间一直工作，消耗燃油

3. 齿轮齿条式转向器的特点有(　　　)。

A. 结构简单紧凑

B. 扭矩传递较好，操作轻便灵敏

C. 转向器总成密封，无须保养，更容易设计成动力转向系统

D. 重量轻

二、判断题

1. 当转向桥采用独立悬架时，每个转向轮都需要相对于车架(或车身)做独立运动，因而转向桥必须是断开式的。(　　　)

2. 当前桥仅为转向桥时，由左、右梯形臂和转向横杆组成的转向梯形一般布置在前桥之前。(　　　)

3. 由于更多依靠滑动摩擦，所以具有较高的传动效率，操纵起来比较轻便舒适。(　　　)

4. 转向器是转向系统的减速传动装置，它将转向盘的转动变为齿条轴的直线运动或转向摇臂的摆动，降低运动速度，减小转向力矩并改变转向力矩的传动方向。(　　　)

5. 转向轴是将驾驶员作用于转向盘的转向操纵力矩传给转向器的传力轴。(　　　)

任务 2　机械转向系统的检修

知识储备

1. 机械转向系统检修的目的是：

_____

_____

_____

_____

2. 机械转向系统的检修通常按照动力传递路线逐一排查和检修，请把下表缺失的部分

转向盘 ⟶ 转向柱 ⟶ ☐ ⟶ 转向横拉杆 ⟶ ☐ ⟶ 车轮支承 ⟶ ☐

任务实施

1. 测量转向盘自由行程的技术标准规定，最高设计车速不小于_____ km·h⁻¹ 的车辆，其转向盘的最大自由转动量不大于_____°，其他车辆不大于_____。

2. 转向器检修时，除了观察转向机，无明显_____、_____，还要检查转向机两头_____，无明显损坏。

3. 转向横拉杆检修的技术标准规定：横直拉杆应无_____、_____和_____现象，限位螺母应处于_____状态。检修时，切记不要随意调整限位螺母，一旦不小心调整，必须要做_____检查项目。

4. 检查转向横拉杆球节。请先填写图中零部件名称，再完成下面填空。

_____

针对科鲁兹车型而言，内转向横拉杆(_____侧)固定螺母扭矩是_____ N·m，外转向横拉杆固定螺母扭矩是_____ N·m；球销无_____、不松旷，_____无松旷，_____无损坏。

5. 转向节检修的技术标准要求：转向节完好，无_____、无_____。

6. 请记录任务实施过程中出现的问题。

_____

_____

_____

_____

_____

反馈评价

评价内容	赋分	序号	具体指标	分值	得分		
					自评	组评	师评
仪容仪表	15	1	工作服、鞋、胸卡穿戴整洁	5			
		2	发型、指甲等符合工作要求	5			
		3	不佩戴首饰、钥匙、手表等	5			

续表

评价内容	赋分	序号	具体指标	分值	得分		
					自评	组评	师评
工作安全	15	4	走路文明，不打闹	5			
		5	操作过程沉着冷静	5			
		6	无人员受伤及设备损坏事故	5			
工作过程	45	7	不带违禁食品、饮料，手机关机	5			
		8	积极参与小组学习	5			
		9	完成学生手册知识储备内容	5			
		10	能说出机械转向系统检修的目的	5			
		11	能说出机械转向系统检修的顺序	5			
		12	能严格按照技术标准对机械转向系统进行检修	20			
职业素养	25	13	坚持出勤，遵守规章制度	5			
		14	服从安排，积极参加组内活动	5			
		15	在规定时间内完成任务，认真填写工作单	5			
		16	节约用水、用电、用气，注意环保	5			
		17	认真执行 5S 工作	5			
综合得分				100			

任务测评

一、选择题

1. 机械转向系统检修的目的是(　　)。

A. 确保车辆能够轻松且安全转向

B. 确保转向操作机构、转向器和转向传动机构转向轻便、灵活，转向无卡滞现象

C. 确保转向系统各螺栓、螺母连接牢固，扭矩符合要求，各球节部件连接可靠

2. 下面不属于机械转向系统一级维护的作业项目是(　　)。

A. 检查、校紧万向节

B. 检查横直拉杆

C. 检查、调整转向盘最大自由转动量

D. 检查球头销和转向节等部位连接螺栓、螺母

二、判断题

1. 最高设计车速不小于 100 km·h⁻¹ 的车辆，其转向盘的最大自由转动量不大于 25°，其他车辆不大于 15°。(   )

2. 转向横拉杆的限位螺母如果不小心调整了，没有必要重新进行车轮定位，只需恢复到原来位置附近即可。(   )

3. 机械转向系统的检修通常按照动力传递路线逐一排查和检修。(   )

4. 机械转向系统的检修一级维护和二级维护要求差不多，关键是看维护时间长短。(   )

任务 3　动力转向系统的检修

知识储备

1. 动力转向系统检修的目的是：

_____

_____

_____

_____

_____

2. 请将下表中和动力转向液相关的故障现象和故障原因填写完整。

现象	原因
动力转向液呈现乳状或有较多泡沫	
动力转向液液面较低	
	油管老化或损坏，应更换液压油管

3. 油压测试是检查液压助力转向系统的重要方法，通过油压表观察油压是否正常(正常油压为：_____)，以此判断动力转向泵、转向器工作是否正常。

4. 检查动力转向泵皮带时，应松开动力转向泵支架上的后固定螺栓，松开_____的螺母，调整张紧螺栓，使 V 形带中间处有_____ mm 的挠度为合适。

拓展知识 ///////////

1. Servotronic 是什么？

_____

2. Servotronic 的齿轮齿条式转向器。

齿轮齿条式转向器由_____和_____组成。齿条通过一个压块以_____形式压向小齿轮。转向器具有_____，即齿与齿之间的距离不同：较大的中部齿距使得转向盘转角_____时即可产生线性直接的传动比，如以较快车速直线行驶时；较小的两侧齿距使得转向角_____时产生累进的传动比，如停车时。

任务实施 ///////////

1. 动力转向液检查前，首先要进行预热，预热的技术标准是：

_____

_____

_____

_____

2. 在冲洗液压系统时，要起动发动机，左右转动转向盘至极限位置，同时加入新的动力转向液，直至回油管流出新的油液，这是为什么？

_____

_____

_____

3. 液压助力系统排空气的技术标准是：

① _____

② _____

③ _____

4. 请记录任务实施过程中出现的问题。

_____

_____

_____

_____

_____

_____

_____

反馈评价

评价内容	赋分	序号	具体指标	分值	得 分		
					自评	组评	师评
仪容仪表	15	1	工作服、鞋、胸卡穿戴整洁	5			
		2	发型、指甲等符合工作要求	5			
		3	不佩戴首饰、钥匙、手表等	5			
工作安全	15	4	走路文明，不打闹	5			
		5	操作过程沉着冷静	5			
		6	无人员受伤及设备损坏事故	5			
工作过程	45	7	不带违禁食品、饮料，手机关机	5			
		8	积极参与小组学习	5			
		9	完成学生手册知识储备内容	5			
		10	能说出动力转向系统检修的目的	5			
		11	能正确说出动力转向系统检修的项目和流程	5			
		12	能正确规范进行动力转向液更换	20			
职业素养	25	13	坚持出勤，遵守规章制度	5			
		14	服从安排，积极参加组内活动	5			
		15	在规定时间内完成任务，认真填写工作单	5			
		16	节约用水、用电、用气，注意环保	5			
		17	认真执行 5S 工作	5			
综合得分				100			

任务测评

一、选择题

1. 下面关于动力转向系统检修的目的不正确的是(　　)。

A. 确保车辆能够轻松且安全转向

B. 除了对转向系统机械部分检修外，还要对助力转向部分检修

C. 在规定的里程或时间内更换动力转向液，油面高度应符合规定

D. 通常只对助力转向部分检修，机械转向部分不在检修范围之内

2. 动力转向液储液罐油液检查的范围包括(　　)。

A. 动力转向液品质检查　　　　　　B. 动力转向液液位检查

C. 外部泄漏检查　　　　　　　　　D. 液压油管检查

二、判断题

1. 动力转向液呈现乳状或有较多泡沫，通常表明其内部存在空气或者被污染，这可能是没有定期更换动力转向液导致的。(　　)

2. 油压测试是检查液压助力转向系统的重要方法，通过油压表观察油压是否正常，以此判断动力转向泵、转向器工作是否正常。(　　)

3. 更换动力转向泵、转向器轴承或转向器总成后，没有必要对液压系统进行冲洗，太浪费了。(　　)

4. 如果动力转向液为褐色，可能系统中有气泡，可以通过转动转向盘对液压系统进行排气。(　　)

5. 动力转向液检查前，必须接好尾排，起动发动机，左右旋转转向盘数次，让动力转向液温度上升为80℃左右。(　　)

6. 在所有转向系统中，车速越高，改变行驶转向时驾驶员施加在转向盘上的操纵力矩越大。这可能导致车速较高时驾驶员感觉转向过于灵活。(　　)

项目 4
行驶系统的构造与检修

任务 1　车架与车桥的检修

知识储备 —— ///////////////////////

1. 车架是底盘的重要组成部分，其他设备都是以车架为安装基础。车架有两个作用，分别是：

① _____

② _____

2. 为了车架能够满足使用的需要，它需要满足以下要求：

① _____

② _____

③ _____

3. 识图并写出车架(车身)的名称。

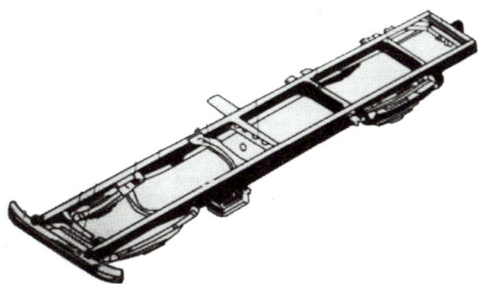

_____

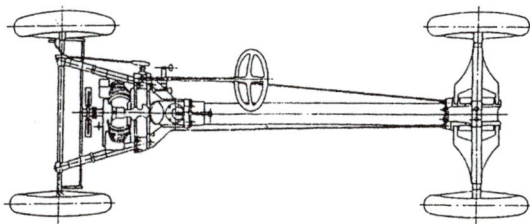

_____

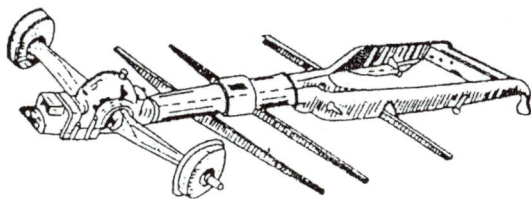

_____

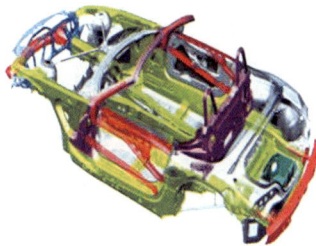

_____

4. 车桥的作用和分类。

①车桥的作用：车桥通过＿＿＿＿＿与＿＿＿＿＿相连，两端安装车轮，其功用是

＿＿＿＿＿＿＿＿＿。

②按配用的悬架结构，车桥的类型有＿＿＿＿和＿＿＿＿。

③按车轮的作用，车桥类型有＿＿＿＿、＿＿＿＿、＿＿＿＿和＿＿＿＿。

任务实施

1. 根据相关技术规定，对车架、车桥进行常规检查，并将检查结果写在图的下方。

（1）　　　　　　　　　（2）　　　　　　　　　（3）

＿＿＿＿＿＿　　　　＿＿＿＿＿＿　　　　＿＿＿＿＿＿

2. 请记录任务实施过程中出现的问题。

＿＿＿＿＿＿＿＿＿＿＿＿＿＿＿＿＿＿＿＿＿＿＿＿＿＿＿＿＿＿＿＿＿＿＿＿＿＿

＿＿＿＿＿＿＿＿＿＿＿＿＿＿＿＿＿＿＿＿＿＿＿＿＿＿＿＿＿＿＿＿＿＿＿＿＿＿

＿＿＿＿＿＿＿＿＿＿＿＿＿＿＿＿＿＿＿＿＿＿＿＿＿＿＿＿＿＿＿＿＿＿＿＿＿＿

＿＿＿＿＿＿＿＿＿＿＿＿＿＿＿＿＿＿＿＿＿＿＿＿＿＿＿＿＿＿＿＿＿＿＿＿＿＿

＿＿＿＿＿＿＿＿＿＿＿＿＿＿＿＿＿＿＿＿＿＿＿＿＿＿＿＿＿＿＿＿＿＿＿＿＿＿

＿＿＿＿＿＿＿＿＿＿＿＿＿＿＿＿＿＿＿＿＿＿＿＿＿＿＿＿＿＿＿＿＿＿＿＿＿＿

反馈评价

评价内容	赋分	序号	具体指标	分值	得　分		
					自评	组评	师评
仪容仪表	15	1	工作服、鞋、胸卡穿戴整洁	5			
		2	发型、指甲等符合工作要求	5			
		3	不佩戴首饰、钥匙、手表等	5			

续表

评价内容	赋分	序号	具体指标	分值	得 分		
					自评	组评	师评
工作安全	25	4	使用举升机时一定要注意安全	5			
		5	放置垫块时，要对准加强筋	5			
		6	不能忘记放置车轮挡块	5			
		7	不能挂错挡	5			
		8	无人员受伤及设备损坏事故	5			
工作过程	47	9	设备工具的准备	5			
		10	举升机使用规范	8			
		11	相关目视检查	8			
		12	检查要符合国标的要求	8			
		13	检查应仔细	8			
		14	工具、设备正确使用并及时归位	5			
		15	认真记录和总结	5			
职业素养	13	16	坚持出勤，遵守规章制度	2			
		17	服从安排，积极参加组内活动	2			
		18	在规定时间内完成任务，认真填写工作单	2			
		19	节约用水、用电、用气，注意环保	2			
		20	认真执行 5S 工作	5			
综合得分				100			

任务测评

一、单项选择题

1. 汽车车架俗称"( )"，是整个汽车的基体。
A. 大梁　　　B. 栋梁　　　C. 框架　　　D. 后梁

2. 车架应具有足够的强度与合适的( )。
A. 韧性　　　B. 刚度　　　C. 契合度　　　D. 稳定性

3. 车架应尽可能降低汽车的( )和获得较大的转向角，以保证稳定性和转向灵活性。
A. 中心　　　B. 重心　　　C. 质心　　　D. 圆心

二、判断题

1. 车桥的作用是传递车架与车轮之间的各向作用力及其所产生的弯矩、扭矩、链接力和转矩。（　　）

2. 行驶系统传递并承受路面作用于车轮上的各个反向力及其形成的力矩。（　　）

3. 轿车车架采用综合式车架。（　　）

4. 汽车后桥是转向桥。（　　）

5. 汽车后桥是驱动桥。（　　）

任务 2　悬架系统的认识

知识储备

1. 悬架是保证汽车行驶舒适性的重要部件，它有三个作用，分别是：

① _____

② _____

③ _____

2. 下图是悬架的结构图，请在表格中填写各部分的名称。

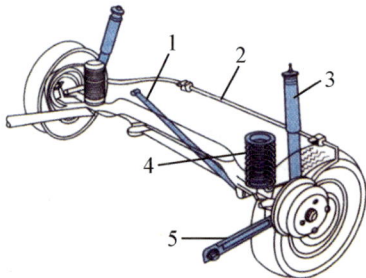

1	
2	
3	
4	
5	

3. 悬架及相关知识。

悬架的定义：_____。

弹性元件的作用：_____。

减振器的作用：_____。

横向稳定杆的作用：_____。

液力减振器利用_____来消耗冲击振动的能量。

按导向装置的不同，悬架可以分为_____和非独立悬架。

按控制形式不同，悬架可以分为_____和被动悬架。

任务实施

1. 根据相关技术标准(GB/T 18344—2016)进行悬架的检查,并在图下写出检查结果。

(1)

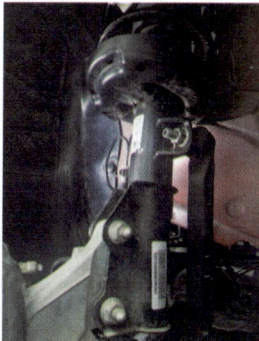

(2)

(3)

2. 请记录任务实施过程中出现的问题。

_____

_____

_____

_____

_____

反馈评价

评价内容	赋分	序号	具体指标	分值	得分		
					自评	组评	师评
仪容仪表	15	1	工作服、鞋、胸卡穿戴整洁	5			
		2	发型、指甲等符合工作要求	5			
		3	不佩戴首饰、钥匙、手表等	5			
工作安全	25	4	使用举升机时一定要注意安全	5			
		5	放置垫块时,要对准加强筋	5			
		6	不能忘记放置车轮挡块	5			
		7	不能挂错挡	5			
		8	无人员受伤及设备损坏事故	5			

续表

评价内容	赋分	序号	具体指标	分值	得 分		
					自评	组评	师评
工作过程	47	9	设备工具的准备	5			
		10	举升机使用规范	8			
		11	相关目视检查	8			
		12	检查要符合国标的要求	8			
		13	检查过程应规范	8			
		14	工具、设备正确使用并及时归位	5			
		15	认真记录和总结	5			
职业素养	13	16	坚持出勤，遵守规章制度	2			
		17	服从安排，积极参加组内活动	2			
		18	在规定时间内完成任务，认真填写工作单	2			
		19	节约用水、用电、用气，注意环保	2			
		20	认真执行 5S 工作	5			
综合得分				100			

任务测评

一、单项选择题

1. 传统悬架一般有(　　　)、减振器、导向装置和横向稳定杆。

A. 弹性元件　　　　B. 驱动轴　　　　　　C. 轮辋　　　　　　D. 横向推力杆

2. 按照控制形式的不同，悬架分为主动式悬架和(　　　)。

A. 非独立悬架　　　B. 被动式悬架　　　C. 钢板弹簧　　　　D. 螺旋弹簧

3. 螺旋弹簧本身没有减振作用，因此必须另装(　　　)。

A. 减振器　　　　　B. 横拉杆　　　　　C. 摇臂　　　　　　D. ABS

二、判断题

1. 钢板弹簧越长、越硬，数目越多，其承载能力越强。(　　　)

2. 汽车在行驶中在垂直方向受到不同的力，会产生相应振动，因此需要装减振器。
(　　　)

3. 非独立悬架结构复杂，工作可靠，被广泛应用于货车的前后悬架上。(　　　)

4. 独立悬架方向稳定性好，不用降低非悬挂质量，乘坐舒适性和操作性好。(　　　)

5. 麦弗逊式独立悬架目前广泛应用于前置后驱的轿车上。(　　　)

任务 3　轮胎的拆装

知识储备 ////////////

1. 车轮与轮胎是行驶系统的重要组成部分，它们有四个作用，分别是：

① _____

② _____

③ _____

④ _____

2. 下图是各类车轮的结构图，请在表格中填写各部分的名称。

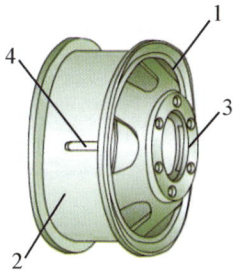

1	
2	
3	
4	

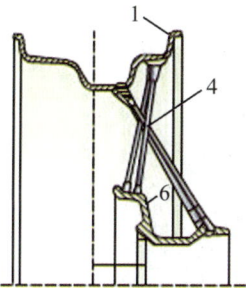 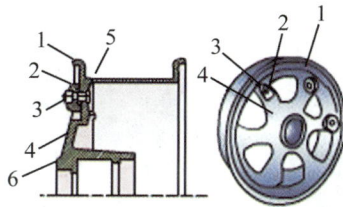

1	
2	
3	
4	
5	
6	

（a）　　　　　（b）

轮辋的类型：

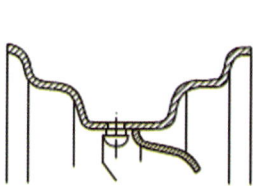 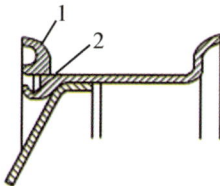 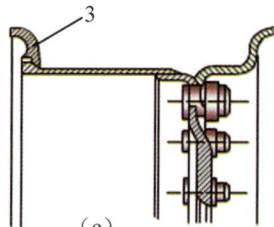

（a）　　　　　（b）　　　　　（c）

（a）		1	
（b）		2	
（c）		3	

3. **轮胎型号的表示方法。**

①充气轮胎尺寸目前一般用_____为单位，但欧洲国家则常用公制。高压胎一般用 $D \times B$ 来表示，其中 D 表示_____，B 表示_____。

②汽车上常用的是低压胎，其尺寸标记用_____表示。

③在国际标准中，轿车轮胎编号表示为_____。

任务实施

1. 请在图的下方写出注意事项。

（1）

_____

（2）

_____

（3）

_____

（4）

_____

2. 请记录任务实施过程中出现的问题。

_____

_____

_____

_____

_____

_____

反馈评价

评价内容	赋分	序号	具体指标	分值	得　分		
					自评	组评	师评
仪容仪表	9	1	工作服、鞋、胸卡穿戴整洁	2			
		2	发型、指甲等符合工作要求	2			
		3	不佩戴首饰、钥匙、手表等	5			
工作安全	31	4	工作要戴手套，防止被倒刺戳伤	8			
		5	拿出轮胎时不能掉地，防止砸脚	8			
		6	严格按照规范操作流程操作	5			
		7	注意人身安全并爱护设备工具	5			
		8	无人员受伤及设备损坏事故	5			
工作过程	47	9	设备工具的准备及目视检查	5			
		10	剥离轮胎要准确，不要损坏轮辋	8			
		11	轮辋在夹具上要安装牢固	8			
		12	要记得涂抹润滑脂，防止橡胶撕裂	8			
		13	拆装轮胎要仔细，防止人员伤害	8			
		14	工具、设备正确使用并及时归位	5			
		15	检查出问题要进行记录	5			
职业素养	13	16	坚持出勤，遵守规章制度	5			
		17	服从安排，积极参加组内活动	2			
		18	在规定时间内完成任务，认真填写工作单	2			
		19	节约用水、用电、用气，注意环保	2			
		20	认真执行 5S 工作	2			
综合得分				100			

任务测评

一、单项选择题

1. 车轮是介于轮胎和（　　）之间承受负荷的旋转组件。

A. 发动机　　　　　B. 变速器　　　　　C. 车桥　　　　　D. 主减速器

2. 轮胎安装在（　　）上，直接与路面接触。

A. 轮辋　　　　　B. 车轮　　　　　C. 底盘　　　　　D. 悬架

3. 子午线轮胎可降低油耗(　　)。

A. 3%～8%　　　　　　B. 1%～5%　　　　　　C. 15%～20%　　　　　D. 4%～7%

二、判断题

1. 轮胎花纹有普通花纹、混合花纹和越野花纹。其中，越野花纹更适合城市道路。(　　)

2. 拆卸轮胎时，只需要使用扒胎机，不需要使用撬棒。(　　)

3. 轮胎的锯齿状磨损是一种局部磨损，常常出现在具有横向花纹和区间花纹的轮胎上。(　　)

4. 轮胎承受汽车的重力，但是并不传递其方向上的力和力矩。(　　)

5. 充气轮胎按胎体中帘线排列的方向不同，可分为普通斜交线胎和子午线胎。(　　)

任务 4　车轮动平衡

知识储备

1. 车轮不平衡的原因：

① _____

② _____

③ _____

2. 车轮不平衡后会造成以下危害：

_____

_____

_____

任务实施

1. 识图，写出图中的操作内容。

（1）

（2）

（3）

_____　　　_____　　　_____

2. 请记录任务实施过程中出现的问题。

_____

_____

_____

_____

_____

反馈评价

评价内容	赋分	序号	具体指标	分值	得分 自评	组评	师评
仪容仪表	15	1	工作服、鞋、胸卡穿戴整洁	5			
		2	发型、指甲等符合工作要求	5			
		3	不佩戴首饰、钥匙、手表等	5			
工作安全	25	4	搬运轮胎时不要掉地，防止砸到脚	5			
		5	轮胎要安装牢固	5			
		6	使用设备时不能野蛮操作	5			
		7	安装平衡块方法要规范	5			
		8	无人员受伤及设备损坏事故	5			
工作过程	47	9	设备准备及检查仪表板	5			
		10	检查胎压后装紧轮胎	8			
		11	测量轮辋直径及其到机箱的距离	8			
		12	输入测量数值并启动初检	8			
		13	仪器运转后根据提示安装平衡块	8			
		14	复检至 OK	5			
		15	认真记录和总结	5			
职业素养	13	16	坚持出勤，遵守规章制度	2			
		17	服从安排，积极参加组内活动	2			
		18	在规定时间内完成任务，认真填写工作单	2			
		19	节约用水、用电、用气，注意环保	2			
		20	认真执行 5S 工作	5			
综合得分				100			

任务测评

一、选择题

1. 轮毂与轮辋(　　)，如中心不准、轮胎螺栓孔分布不均、螺栓质量不佳等，容易造成车轮不平衡。

　　A. 加工质量不佳　　　B. 不匹配　　　　　　C. 磨损较大　　　　D. 花纹磨平

2. 轮辋、制动鼓(　　)，也容易造成车轮不平衡。

　　A. 容易漏油

　　B. 需要液压油传递动力，需进行常规保养

　　C. 变形

　　D. 不匹配

3. 车轮不平衡，不仅影响汽车(　　)，而且使驾驶员难以控制行驶方向，以及汽车制动性能变差，影响行车安全。

　　A. 动力性　　　　　　B. 经济性　　　　　　C. 附加性　　　　　D. 乘坐舒适性

二、判断题

1. 车轮不平衡，不仅影响汽车乘坐舒适性，而且使驾驶员难以控制行驶方向，以及汽车制动性能变差，影响行车安全。(　　)

2. 购买新车后，无论任何情况，都不用进行轮胎动平衡测试。(　　)

3. 质量分布不均匀，如轮胎产品质量欠佳，翻新胎、补胎、胎面磨损不均匀及在外胎与内胎之间垫带，以上原因不会导致车轮不平衡。(　　)

4. 车轮动平衡测试应该就车进行。(　　)

5. 车轮动平衡测试中，旧的平衡块不用取下。(　　)

任务 5　车轮定位

知识储备

1. 车轮定位是保证汽车行驶可靠性的重要手段，它有以下作用：

①_____　　②_____

③_____　　④_____

⑤_____　　⑥_____

⑦_____　　⑧_____

2. 写出下图各车轮定位主要参数的名称和作用。

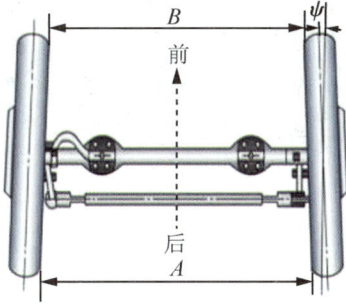

（1）

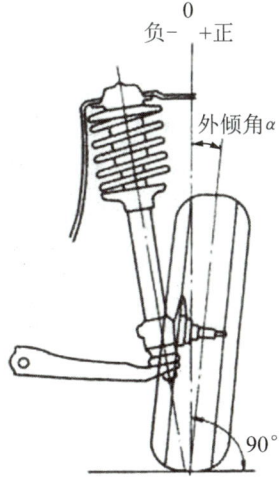

（2）

_____

_____

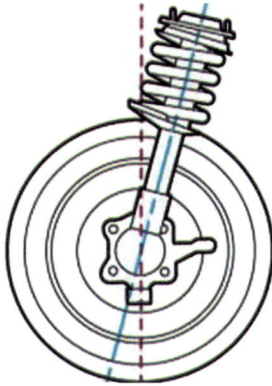

（3）

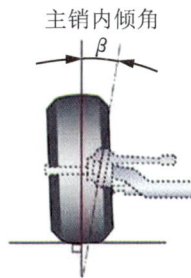

（4）

_____

_____

3. 影响车轮定位的因素有哪些？

_____；

_____；

_____；

_____。

任务实施

1. 识图并写出图片中的作业内容。

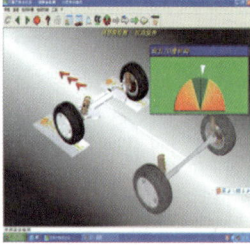

（1）

（2）

（3）

_____　　_____　　_____

2. 请记录任务实施过程中出现的问题。

_____

_____

_____

_____

_____

反馈评价

评价内容	赋分	序号	具体指标	分值	得　分		
					自评	组评	师评
仪容仪表	15	1	工作服、鞋、胸卡穿戴整洁	5			
		2	发型、指甲等符合工作要求	5			
		3	不佩戴首饰、钥匙、手表等	5			
工作安全	25	4	使用举升机时一定要注意安全	5			
		5	放置垫块时，要对准加强筋	5			
		6	不忘记放置车轮挡块	5			
		7	不挂错挡	5			
		8	无人员受伤及设备损坏事故	5			

续表

评价内容	赋分	序号	具体指标	分值	得分		
					自评	组评	师评
工作过程	47	9	设备工具的准备	5			
		10	举升设备使用应规范	8			
		11	相关目视检查	8			
		12	仪器使用(卡具、传感器等)	8			
		13	测量应规范	8			
		14	工具、设备正确使用并及时归位	5			
		15	认真记录和总结	5			
职业素养	13	16	坚持出勤,遵守规章制度	2			
		17	服从安排,积极参加组内活动	2			
		18	在规定时间内完成任务,认真填写工作单	2			
		19	节约用水、用电、用气,注意环保	2			
		20	认真执行 5S 工作	5			
综合得分				100			

任务测评

一、单项选择题

1. 车轮定位以车辆的( )为依据,通过调整以确保车辆良好的行驶性能并具备一定的可靠性。

A. 转向轮角度 　　　　　　B. 四轮参数

C. 离去角　　　　　　　　　D. 接近角

2. 新车行驶达( ),需要做四轮定位。

A. 3000 km　　　　　　　　B. 1000 km

C. 5000 km　　　　　　　　D. 10000 km

3. 现代汽车的车轮定位是指( )以及转向系统元件,安装到车身上的几何角度与尺寸须符合一定的要求。

A. 发动机　　　　　　　　　B. 悬架系统

C. 车轮、悬架系统元件　　　D. 驱动桥系统

二、判断题

1. 新车购买后，不需要进行四轮定位测试。（　　　）

2. 四轮定位测试，主要为了保证汽车行驶的稳定性和安全性，减少汽车的磨损和油耗。（　　　）

3. 碰撞事故车维修后，不需要进行四轮定位测试。（　　　）

4. 从汽车正前方看，汽车车轮的顶端向内或向外倾斜一个角度，称为车轮前束。（　　　）

5. 在纵向垂直平面内，主销轴线与垂线之间的夹角，称为主销内倾角。（　　　）

项目 5
制动系统的构造与检修

任务 1　制动系统的认识

知识储备

1. 制动系统是底盘的重要组成部分，它有三个作用，分别是：

①_____

②_____

③_____

2. 制动系统按不同的分类方式可以分为不同的类型：

①按制动系统的功用分为_____和_____两大类型。

②按制动系统的制动能源分为_____、_____和_____三种类型。

3. 下图是制动系统的基本结构图，请在表格中填写各部分的名称。

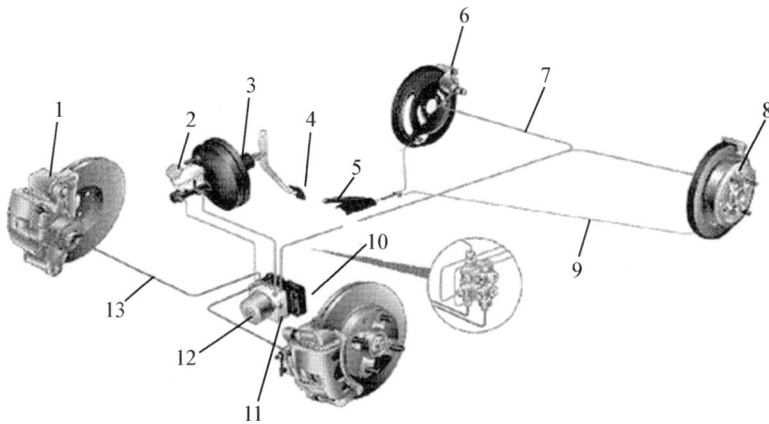

1	
2	
3	
4	
5	
6	
7	
8	
9	
10	
11	
12	液压泵电动机
13	前轮制动管路

4. 制动器。

①制动器的作用：

_____

②目前各类汽车所用的摩擦制动器可分为_____和_____两大类。

5. 把下面表格补充完整。

鼓式制动器	盘式制动器
特点：	特点：

6. 制动系统的工作原理。

制动器中的制动盘(或制动鼓)与_____一起转动，为旋转部件；制动片(或制动蹄)与悬架相对_____，为非旋转部件。当制动系统不工作时，制动片(或制动蹄)与制动盘(或制动鼓)之间保持一定的间隙，使车轮_____；制动时，驾驶员施加在制动踏板上的作用力经_____放大后由液压系统传递给_____，使制动片(或制动蹄)与制动盘(或制动鼓)之间作用产生_____，降低车轮转速，同时轮胎与地面的摩擦保证了汽车_____或_____。

任务实施

1. 请在车上找出下面各图示制动系统部件，并写出其专业名称。

（1）

_____

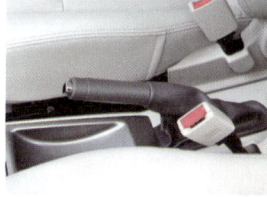

（2）

_____

（3）

_____

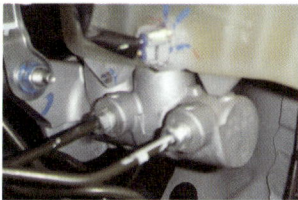

（4）

_____

（5）

_____

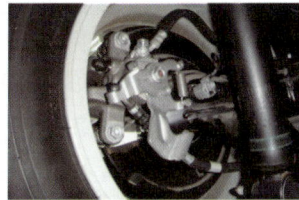

（6）

_____

（7）

_____

2. 请记录任务实施过程中出现的问题。

_____

_____

_____

_____

_____

反馈评价

评价内容	赋分	序号	具体指标	分值	得分		
					自评	组评	师评
仪容仪表	15	1	工作服、鞋、胸卡穿戴整洁	5			
		2	发型、指甲等符合工作要求	5			
		3	不佩戴首饰、钥匙、手表等	5			
工作安全	15	4	走路文明，不打闹	5			
		5	操作过程沉着冷静	5			
		6	无人员受伤及设备损坏事故	5			
工作过程	45	7	不带违禁食品、饮料，手机关机	5			
		8	积极参与小组学习	5			
		9	完成学生手册知识储备内容	5			
		10	能正确说出制动系统各组成部件的名称	10			
		11	能在车上正确找到制动系统各组成部件	20			
职业素养	25	12	坚持出勤，遵守规章制度	5			
		13	服从安排，积极参加组内活动	5			
		14	在规定时间内完成任务，认真填写工作单	5			
		15	节约用水、用电、用气，注意环保	5			
		16	认真执行 5S 工作	5			
综合得分				100			

任务测评

一、选择题

1. 汽车制动系统一般包括(   )两套独立的制动装置，每套制动装置都由制动器和制动传动装置组成。

A. 行车制动装置　　　　　　　　B. ABS 制动装置

C. 驻车制动装置　　　　　　　　D. 常规制动装置

2. 按结构不同，制动器可分为(   )。

A. 鼓式制动器　　B. 盘式制动器　　C. 车轮制动器　　D. 中央制动器

3. 制动系统按制动能源分类，可分为(   )几种类型。

A. 人力制动系统　　　　B. 动力制动系统　　　　C. 伺服制动系统

4. 盘式制动器中(　　)是与车轮一起旋转的。

A. 制动盘　　　　　　　B. 制动钳　　　　　　C. 摩擦片

5. 鼓式制动器中(　　)是与车轮一起旋转的。

A. 制动盘　　　　　　　B. 制动鼓　　　　　　C. 制动蹄

二、判断题

1. 鼓式制动器制动时易产生噪声，无自动增力功能。(　　)

2. 鼓式制动器由于制动蹄、鼓处于封闭状态，散热性差，不适于高速及长时间连续制动。(　　)

3. 盘式制动器浸水后制动效能不会降低。(　　)

4. 相较于鼓式制动器，盘式制动器的制动盘沿厚度方向的热膨胀量小。(　　)

5. 盘式制动器制动效能比鼓式制动器好，是因为盘式制动器有自增力作用。(　　)

任务 2　盘式制动器的检修

知识储备

1. 盘式制动器的基础知识。

(1)盘式制动器的组成：

① _____

② _____

③ _____

④ _____

(2)盘式制动器的分类：

① _____

② _____

2. 下图是盘式制动器的结构图，请在表中填写各部分的名称。

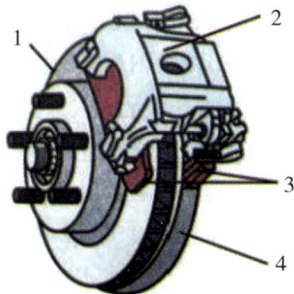

1	
2	
3	
4	

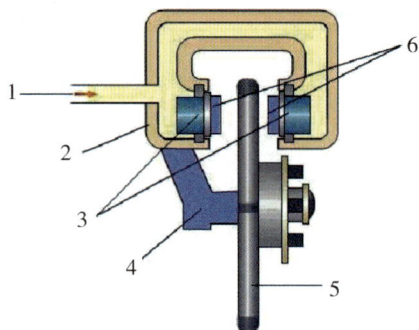

1	
2	
3	
4	
5	
6	

3. 盘式制动器的工作原理。

(1)定钳盘式制动器的工作原理:

_____

_____

_____

_____

_____

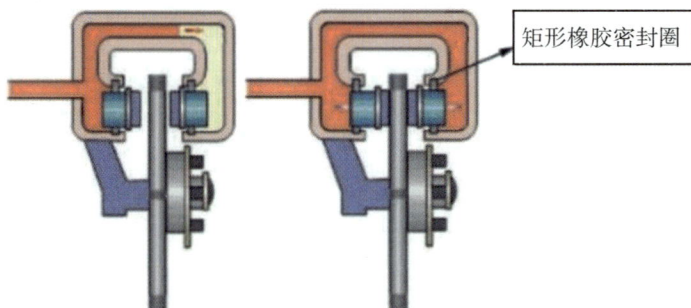

矩形橡胶密封圈

(2)浮钳盘式制动器的工作原理:

_____

_____

_____

_____

_____

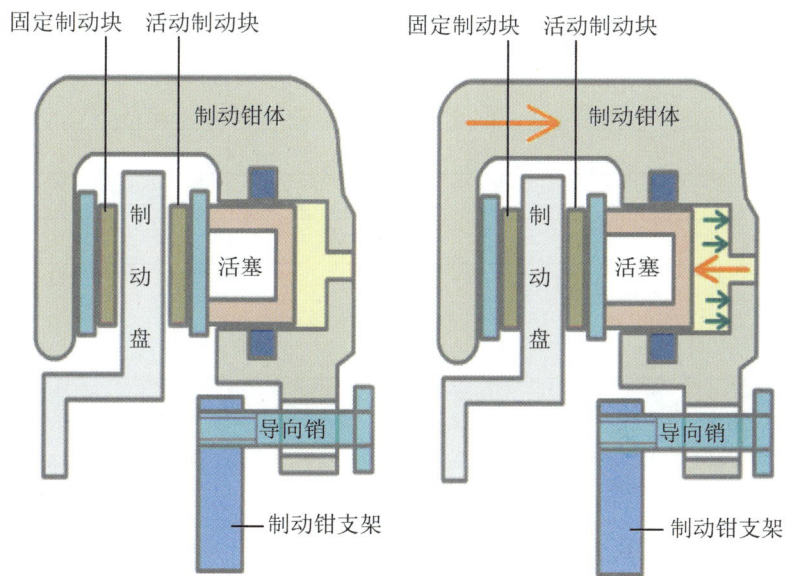

固定制动块　活动制动块　制动钳体　制动盘　活塞　导向销　制动钳支架

固定制动块　活动制动块　制动钳体　制动盘　活塞　导向销　制动钳支架

任务实施

1. 识别以下部件的名称。

（1）

_____

（2）

_____

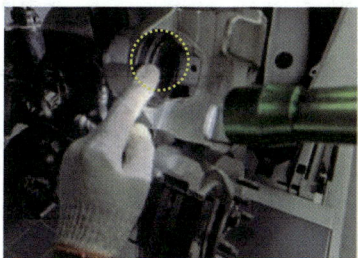

（3）

_____

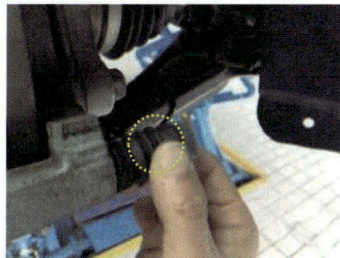

（4）

_____

2. 请记录任务实施过程中出现的问题。

_____

_____

_____

_____

_____

反馈评价

评价内容	赋分	序号	具体指标	分值	得分		
					自评	组评	师评
仪容仪表	15	1	工作服、鞋、胸卡穿戴整洁	5			
		2	发型、指甲等符合工作要求	5			
		3	不佩戴首饰、钥匙、手表等	5			
工作安全	15	4	走路文明，不打闹	5			
		5	操作过程沉着冷静	5			
		6	无人员受伤及设备损坏事故	5			
工作过程	45	7	不带违禁食品、饮料，手机关机	5			
		8	积极参与小组学习	5			
		9	完成学生手册知识储备内容	5			
		10	能正确说出转向系统各组成部件	10			
		11	能准确在车上找到转向系统各组成部件	20			
职业素养	25	12	坚持出勤，遵守规章制度	5			
		13	服从安排，积极参加组内活动	5			
		14	在规定时间内完成任务，认真填写工作单	5			
		15	节约用水、用电、用气，注意环保	5			
		16	认真执行 5S 工作	5			
综合得分				100			

任务测评

一、选择题

1. 关于盘式制动器下列说法错误的是(　　　)。

A. 现在浮钳式制动器得到广泛的使用

B. 现在轿车的前后制动器都是通风盘式制动器

C. 盘式制动器的最大优点是散热性能极好

D. 浮钳式制动器的钳体可以在导销上移动，因此要确保导销不锈蚀

2. 与鼓式制动器相比，盘式制动器(　　)。

A. 制动效能因数大、抗热衰退能力强

B. 制动效能因数大、抗热衰退能力弱

C. 制动效能因数小、抗热衰退能力强

D. 制动效能因数小、抗热衰退能力弱

3. 在盘式制动器的检测项目中，用于检测制动盘跳动的量具是(　　)。

A. 塞尺　　　　　　　　　　B. 千分尺

C. 百分表　　　　　　　　　D. 刀尺

4. 在盘式制动器的检测项目中，用于检测制动盘厚度的量具是(　　)。

A. 游标卡尺　　　　　　　　B. 外径千分尺

C. 内径千分尺　　　　　　　D. 塞尺

5. 汽车在行驶时，靠改变行驶速度(　　)。

A. 离合器　　　　　　　　　B. 变速器

C. 转向器　　　　　　　　　D. 制动器

二、判断题

1. 安装好盘式制动器后，应用力踩制动踏板数次，以便制动器自动将间隙调整到正确位置。(　　)

2. 在冬季和恶劣路况下行车，盘式制动比鼓式制动更容易在较短的时间内使车停下。(　　)

3. 盘式制动器在高负载时耐高温性能好，制动效果稳定，而且不怕泥水侵袭。(　　)

4. 中低档次车辆的盘式制动器常用于后轮制动。(　　)

5. 一些盘式制动器的制动盘上开了许多小孔，是为了加速通风散热，提高制动效率。(　　)

任务 3 鼓式制动器的检修

知识储备

1. 下图是鼓式制动器的结构图，请在横线上分别填写各部分的名称。

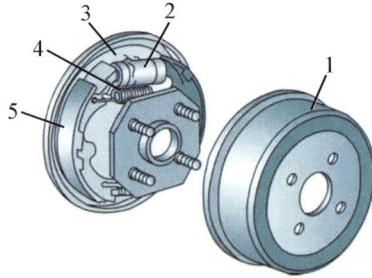

(1)_____ (2)_____ (3)_____ (4)_____ (5)_____

2. 鼓式制动器的分类。

①按制动装置的形式可分为_____、_____和_____。

②在制动过程中，如果制动蹄绕支承销转动与制动鼓旋转方向相同，在制动鼓上压得更紧，起到增势的作用，称为_____或称_____；如果制动蹄绕支承销转动与制动鼓旋转方向相反，有使制动蹄离开制动鼓的趋势，起减势作用，称为_____或称_____。

③在横线上标出鼓式制动器的具体类型。

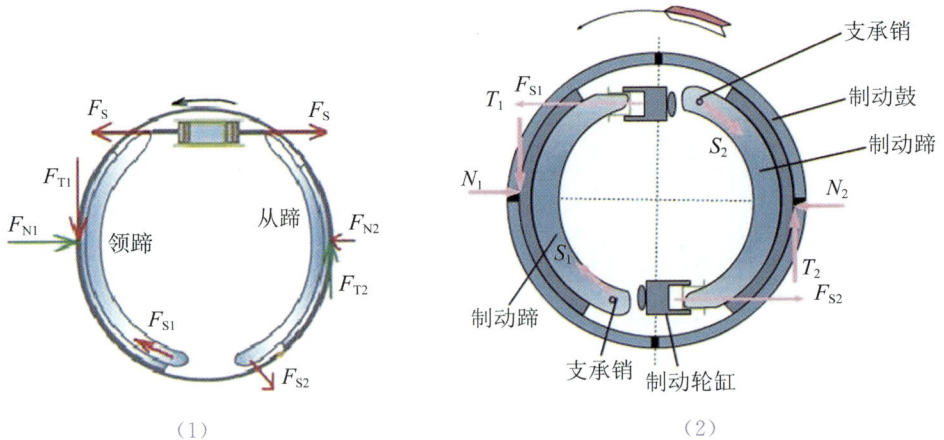

(1)

_____

(2)

_____

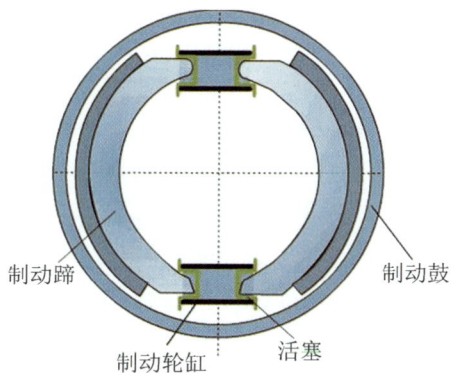

（3）
_____

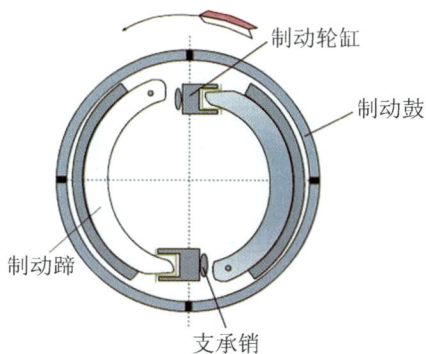

（4）
_____

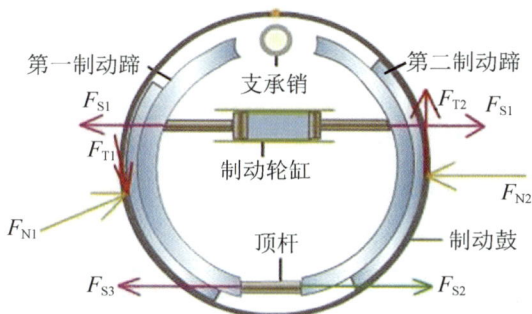

（5）
_____

任务实施

1. 针对科鲁兹车型而言，制动蹄的测量标准值为_____，极限值为_____，更换新的制动摩擦片或制动鼓时，应用_____对其工作面进行适当均匀打磨。

2. 检查制动分泵时，检查分泵_____，_____、_____；制动分泵能否进行_____移动。

3. 调节器总成安装至调节器执行杆时，尽可能旋转_____，不发生_____现象。

4. 安装制动蹄定位销弹簧弹力较大，安装时应使弹簧帽锁口与定位销扁头错开_____°，慢慢放松。

5. 调节鼓式制动器时，应选用_____专用工具测量，制动蹄摩擦衬片至制动鼓间隙为_____。

6. 安装制动鼓螺钉时，应紧固至_____ N·m。

7. 请记录任务实施过程中出现的问题。

_____

_____

_____

_____

_____

反馈评价

评价内容	赋分	序号	具体指标	分值	得分		
					自评	组评	师评
仪容仪表	15	1	工作服、鞋、胸卡穿戴整洁	5			
		2	发型、指甲等符合工作要求	5			
		3	不佩戴首饰、钥匙、手表等	5			
工作安全	15	4	走路文明，不打闹	5			
		5	操作过程沉着冷静	5			
		6	无人员受伤及设备损坏事故	5			
工作过程	45	7	不带违禁食品、饮料，手机关机	5			
		8	积极参与小组学习	5			
		9	完成学生手册知识储备内容	5			
		10	将车辆停放在举升机位置	1			
		11	前期准备工作	1			
		12	拆下后轮轮胎	1			
		13	拆下制动鼓螺钉	1			
		14	拆下制动鼓	1			
		15	拆卸调节弹簧	1			
		16	拆下调节器总成	1			
		17	拆下制动蹄弹簧	1			
		18	拆下制动蹄	1			
		19	拆下制动蹄回位弹簧	1			
		20	将驻车拉索从驻车杆上拆下	1			

续表

评价内容	赋分	序号	具体指标	分值	得分		
					自评	组评	师评
		21	按拆解顺序放好零件	1			
		22	制动蹄的测量	4			
		23	检查制动分泵	1			
		24	将调节器总成安装至调节器执行杆	1			
		25	将驻车拉索安装至驻车制动杆	1			
		26	安装制动蹄回位弹簧	1			
		27	安装制动蹄弹簧	1			
		28	安装调节弹簧	1			
		29	调节鼓式制动器	5			
		30	安装制动鼓	1			
		31	安装制动鼓螺钉	1			
		32	5S	1			
职业素养	25	33	坚持出勤，遵守规章制度	5			
		34	服从安排，积极参加组内活动	5			
		35	在规定时间内完成任务，认真填写工作单	5			
		36	节约用水、用电、用气，注意环保	5			
		37	认真执行 5S 工作	5			
综合得分				100			

任务测评

一、选择题

1. 简单的鼓式车轮制动器由(　　　)和间隙调整装置组成。(多选)

A. 旋转部分　　　　B. 固定部分　　　　C. 促动装置

2. 鼓式制动器中(　　　)为旋转部分；固定部分是(　　　)。

A. 制动底板　　　　B. 制动鼓　　　　C. 制动蹄

3. 在制动过程中，如果制动蹄绕支承销转动与制动鼓旋转方向相同，称为(　　　)；制动蹄绕支承销转动与制动鼓旋转方向相反，称为(　　　)。

A. 从蹄　　　　　　B. 领蹄

4. 鼓式车轮制动器中随车轮同步旋转的元件有(　　)。

A. 制动蹄　　　　　B. 制动鼓　　　　　C. 推杆　　　　　D. 制动主缸

5. 下列(　　)制动器是平衡式制动器。

A. 领从蹄式　　　　B. 双领蹄式　　　　C. 双向双领蹄式　　D. 双从蹄式

二、判断题

1. 平衡式车轮制动器在前进和倒车制动时，两蹄均为助势蹄，称为双向助势平衡式车轮制动器。(　　)

2. 双向助势平衡式车轮制动器制动底板上所有固定元件、制动蹄、制动轮缸都是成对对称布置。(　　)

3. 自动增力式车轮制动器是两蹄用推杆浮动铰接，利用传力机件的张开力使两蹄产生助式作用。(　　)

4. 制动器的领蹄具有减势作用，从蹄具有增势作用。(　　)

5. 单向助势平衡式车轮制动器的两个制动蹄各用一个单向活塞制动轮缸。(　　)

任务 4　驻车制动器的检修

知识储备

1. 驻车制动器的作用，分别是：

①＿＿＿＿＿＿＿＿＿＿＿＿＿＿＿＿＿＿＿＿＿＿＿＿＿＿＿＿＿＿＿＿

②＿＿＿＿＿＿＿＿＿＿＿＿＿＿＿＿＿＿＿＿＿＿＿＿＿＿＿＿＿＿＿＿

③＿＿＿＿＿＿＿＿＿＿＿＿＿＿＿＿＿＿＿＿＿＿＿＿＿＿＿＿＿＿＿＿

2. 驻车制动器的分类。

①按驻车制动器在汽车上安装位置的不同，驻车制动装置分＿＿＿＿和＿＿＿＿两种。

②驻车制动器按其结构形式可分为＿＿＿＿、＿＿＿＿、＿＿＿＿和弹簧作用式。

3. 驻车制动器的原理。

①驻车制动时，拉起操纵杆，操纵杆的力通过＿＿＿＿使驻车制动拉索收紧，拉索则拉动驻车制动＿＿＿＿的下端，使之绕上端支点＿＿＿＿转动，制动杠杆转动过程中，其中间支点推动驻车制动推杆左移，使前＿＿＿＿压向＿＿＿＿。

②解除驻车制动时，按下＿＿＿＿上的按钮，使棘爪脱离＿＿＿＿，将操纵杆回到＿＿＿＿位置，松开驻车制动拉索，则制动蹄在＿＿＿＿的作用下回位。

4. 指示灯。

组合仪表及各个按钮中的指示灯显示电控机械式驻车制动器的状态。请将表格内容补充完整。

名称	图标	位置及作用

任务实施

请记录任务实施过程中出现的问题。

_____

_____

_____

_____

反馈评价

评价内容	赋分	序号	具体指标	分值	得分		
					自评	组评	师评
仪容仪表	15	1	工作服、鞋、胸卡穿戴整洁	5			
		2	发型、指甲等符合工作要求	5			
		3	不佩戴首饰、钥匙、手表等	5			
工作安全	15	4	走路文明，不打闹	5			
		5	操作过程沉着冷静	5			
		6	无人员受伤及设备损坏事故	5			
工作过程	45	7	不带违禁食品、饮料，手机关机	5			
		8	积极参与小组学习	5			
		9	完成学生手册知识储备内容	5			
		10	能正确说出驻车制动器各组成部件的名称	10			
		11	能在实车上正确调整驻车制动器	20			
职业素养	25	12	坚持出勤，遵守规章制度	5			
		13	服从安排，积极参加组内活动	5			
		14	在规定时间内完成任务，认真填写工作单	5			
		15	节约用水、用电、用气，注意环保	5			
		16	认真执行 5S 工作	5			
综合得分				100			

任务测评

一、选择题

1. 不属于机械式驻车制动器机构部件的是(　　)。

A. 弹簧　　　　B. 拉线　　　　C. 电机　　　　D. 驻车警告灯

2. 电控机械式驻车制动器提供给驾驶员以下功能(　　)。

A. 驻车制动功能　　　　B. 动态起动辅助功能

C. 动态紧急制动功能　　　　D. 自动保持(AUTO HOLD)功能

二、判断题

1. 电子驻车制动器取消了手柄或是脚踏板。(   )
2. 驻车制动器一般安装在前轮上。(   )
3. 机械式驻车制动器长时间使用后无须进行调整。(   )
4. 当行车制动失效时可以用驻车制动器来进行减速。(   )
5. 在点火开关关闭的情况下，可以操作驻车制动器。(   )

任务5　制动液的更换

知识储备

1. **制动传动装置。**

①作用：

_____

②分类：

制动传动装置按传力介质的不同可分为_____、_____和_____；

按制动管路的套数可分为_____和_____。

2. **液压制动传动装置的基本组成。**

①液压式制动传动装置由_____、_____、_____、_____、_____等
组成。

②请在横线上写出液压传动装置的类型。

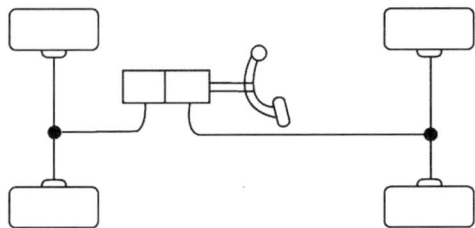

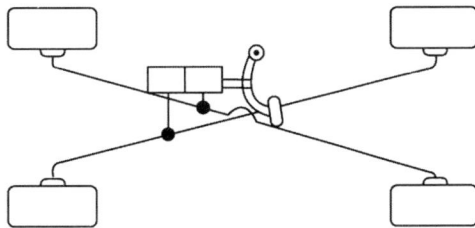

(1) _____   (2) _____

③前后独立式双管路液压制动传动装置由双腔制动主缸通过两套独立的管路分别控
制前桥和后桥的车轮制动器，主要用于_____。

④交叉式双管路液压制动传动装置由双腔制动主缸通过两套独立的管路分别控制前
后桥对角线方向的两个车轮制动器，主要用于_____。

3. 制动主缸。

①作用：_____。

②在制动主缸上端装有储油罐，制动主缸内的活塞通过_____的推杆和制动踏板相连。踩下制动踏板推动_____，进油孔_____，各制动轮缸产生制动油压。松开制动踏板，活塞_____，制动油压_____，制动解除。

4. 制动轮缸。

制动轮缸固定在_____，其作用是_____转变为使制动蹄张开的机械推力。制动轮缸主要由_____、_____、_____、_____和放气螺钉等组成。放气螺钉的作用是排出混入制动液中的空气。

5. 真空助力装置的功用。

_____

_____

6. 制动液。

①制动液的作用：

_____

②制动液必须满足_____；_____；不会使液压系统的金属件腐蚀，不会使橡胶件老化、硬化或膨胀；_____和吸湿性差而溶水性良好等条件。

③制动液的型号：

目前使用的制动液有_____、_____、_____、_____四种型号。在理想条件下，DOT 编号越大，制动液沸点_____；DOT 编号越小，_____。

④_____制动液一般用于重负载和高性能汽车。

⑤_____制动液一般用在赛车上。

任务实施

1. 利用 RA-611E 制动液充放机更换制动液时，应严格按照其说明书要求进行，填充完新鲜制动液以后将制动液填充口重新用密封盖_____。气压表上显示符合该车型所需要的工作气压_____。

2. 科鲁兹型汽车在更换制动液时应按_____—_____—_____—_____的顺序进行制动液的更换。

3. 请记录任务实施过程中出现的问题。

_____

_____

_____

_____

反馈评价

评价内容	赋分	序号	具体指标	分值	得 分		
					自评	组评	师评
仪容仪表	15	1	工作服、鞋、胸卡穿戴整洁	5			
		2	发型、指甲等符合工作要求	5			
		3	不佩戴首饰、钥匙、手表等	5			
工作安全	15	4	走路文明,不打闹	5			
		5	操作过程沉着冷静	5			
		6	无人员受伤及设备损坏事故	5			
工作过程	45	7	不带违禁食品、饮料,手机关机	5			
		8	积极参与小组学习	5			
		9	完成学生手册知识储备内容	5			
		10	注入新鲜制动液	5			
		11	接上电源	1			
		12	连接转换器与主缸储液室	5			
		13	接上制动液收纳容器	4			
		14	打开装置开关按钮	3			
		15	调压、更换	5			
		16	拧上换液螺钉护罩	5			
		17	清洁	2			
职业素养	25	18	坚持出勤,遵守规章制度	5			
		19	服从安排,积极参加组内活动	5			
		20	在规定时间内完成任务,认真填写工作单	5			
		21	节约用水、用电、用气,注意环保	5			
		22	认真执行 5S 工作	5			
综合得分				100			

任务测评

一、选择题

1. 液压制动主缸在不制动时,其出油阀和回油阀的开闭情况是(   )。

A. 出油阀和回油阀均开启   B. 出油阀关闭而回油阀开启

C. 出油阀和回油阀均关闭   D. 出油阀开启而回油阀关闭

2. 在解除制动时，液压制动主缸的出油阀和回油阀的开闭情况是(　　)。

A. 先关出油阀再开回油阀　　　　　　B. 先开回油阀再关出油阀

C. 两阀都打开

3. 下列哪项是对比例阀的正确叙述？(　　)

A. 在强制制动时，比例阀提供了更好的制动平衡

B. 比例阀用于强制制动时使后制动管路液压急剧上升

C. 比例阀不用于带有自增力鼓式制动器的汽车上

D. 液压增大时比例阀打开

4. 液压制动系统里的比例阀内有(　　)等零件。

A. 阀　　　　　　　B. 活塞　　　　　　C. 弹簧　　　　　　D. 控制杆件

5. 真空增压器制动时，真空阀_____，空气阀_____。(　　)

A. 开启，开启　　　B. 开启，关闭　　　C. 关闭，关闭　　　D. 关闭，开启

二、判断题

1. 液压制动轮缸的作用是把来自主缸的液压能转换为机械能。(　　)

2. 制动控制阀控制制动气室的工作气压。(　　)

3. 双管路液压制动传动装置是利用两个彼此独立的液压系统。(　　)

4. 液压制动主缸的作用是将制动踏板的液压能转换为机械能。(　　)

5. 在交叉双回路液压制动系统中，当制动系统中任一回路失效后，液压系统则失效。(　　)

任务 6　防抱死制动系统的检修

知识储备

一、ABS 的功能

防抱死制动系统(ABS)的作用是在汽车制动时，自动调节_____的大小，避免车轮完全抱死在路面上产生_____，使车轮处于_____的状态，以保证车轮与地面之间有最好的附着状态，从而缩短_____，提高汽车制动过程中的_____及转向操纵能力，使汽车制动更加安全有效。

ABS 防止汽车制动时车轮抱死，并把车轮的滑移率保持在_____的范围内，以保证车轮与路面有良好的纵向、侧向附着力，从而实现以下功能：

①充分发挥制动器的效能，缩短_____；

②可有效防止紧急制动时车辆＿＿＿＿＿＿，具有良好的行驶稳定性；

③可在紧急制动时转向，具有良好的＿＿＿＿＿＿；

④可避免轮胎与地面的剧烈摩擦，减少轮胎的＿＿＿＿＿＿。

二、ABS 的组成

ABS 由液压制动系统、＿＿＿＿＿＿、制动压力调节器、＿＿＿＿＿＿等部件组成。

请写出下面部件的名称及作用。

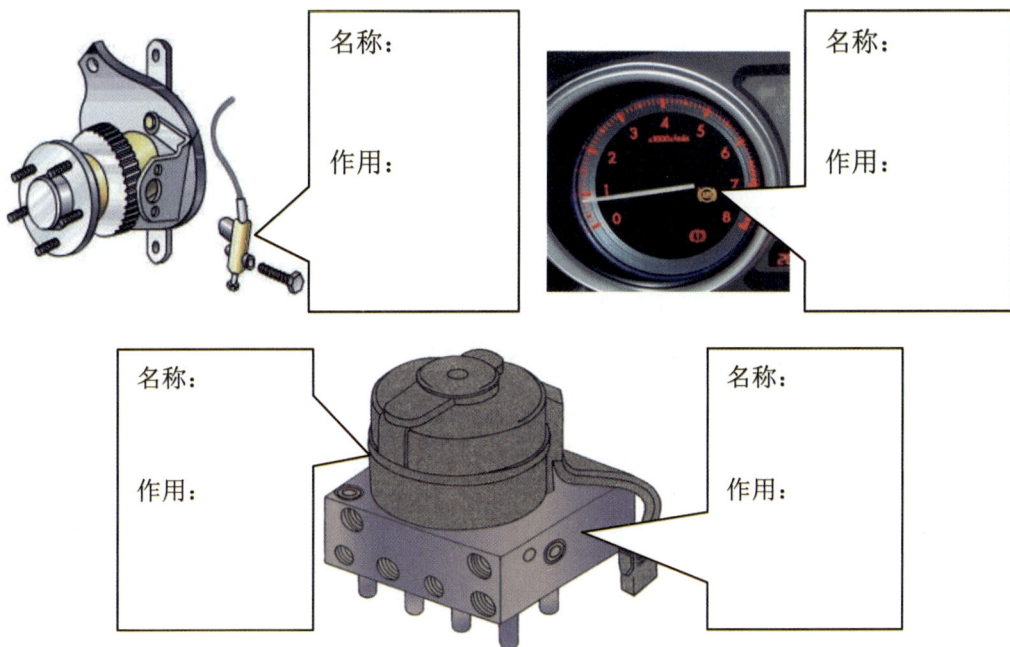

名称：

作用：

名称：

作用：

名称：

作用：

名称：

作用：

三、ABS 的工作原理

请根据教材关于 ABS 工作原理的介绍填写表中各部件的工作状态

工作过程	常开阀（进油电磁阀）	常闭阀（出油电磁阀）	液压泵	车轮转速
建压阶段	断电（开启）	断电（关闭）	断电（未工作）	迅速降低
保压阶段				
降压阶段				
升压阶段				

任务实施

1. 请根据任务实施过程完成工作单。

序号	作业内容	记录要点
1	查找并记录车辆基本信息	VIN 码： 车辆外观：
2	检查 ABS 指示灯	
3	检查制动液液位	
4	检查制动主缸	
5	检查液压控制单元	
6	检查 ABS 电子控制单元	
7	检查 ABS 所有继电器、保险丝	
8	检查制动管路	
9	检查轮速传感器	
10	读取故障码	
11	读取数据流	左前轮转速： 右前轮转速： 左后轮转速： 右后轮转速：
12	动作测试	电磁阀继电器： 马达继电器： ABS 警告灯： 电磁线圈测：

2. 请记录任务实施过程中出现的问题。

_____

_____

_____

_____

_____

反馈评价

评价内容	赋分	序号	具体指标	分值	得 分		
					自评	组评	师评
仪容仪表	15	1	工作服、鞋、胸卡穿戴整洁	5			
		2	发型、指甲等符合工作要求	5			
		3	不佩戴首饰、钥匙、手表等	5			
工作安全	15	4	走路文明，不打闹	5			
		5	操作过程沉着冷静	5			
		6	无人员受伤及设备损坏事故	5			
工作过程	45	7	不带违禁食品、饮料，手机关机	5			
		8	积极参与小组学习	5			
		9	完成学生手册知识储备内容	5			
		10	完成 ABS 常规检查	15			
		11	完成工作单填写	15			
职业素养	25	12	坚持出勤，遵守规章制度	5			
		13	服从安排，积极参加组内活动	5			
		14	在规定时间内完成任务，认真填写工作单	5			
		15	节约用水、用电、用气，注意环保	5			
		16	认真执行 5S 工作	5			
综合得分				100			

任务测评

一、单项选择题

1. 关于 ABS 的功能，下面说法不正确的是(   )。

A. 充分发挥制动器的效能，缩短制动时间和距离

B. 可有效防止紧急制动时车辆侧滑和甩尾，具有良好的行驶稳定性

C. 可在紧急制动时转向，具有良好的转向操纵性

D. 可通过轮胎与地面的剧烈摩擦，提升制动效果

2. 当车轮边滚边滑时，车轮滑移率 S 大小是(　　)。

A. $S=0$　　　　　B. $0<S<100\%$　　　C. $S=100\%$　　　D. 以上都不对

3. 关于 ABS，描述不正确的是(　　)。

A. ABS 只有在紧急制动情况下起作用，常规制动不起作用

B. ABS 工作时，制动踏板会有回弹、震颤等现象，这是正常的

C. 当 ABS 电控系统出现故障不能正常工作时，汽车制动系统就失效了

D. 在行车过程中，ABS 指示灯突然点亮，说明系统出现了故障

二、判断题

1. ABS 出现故障，肯定是电控系统出现了问题。(　　)

2. 在任何路面上实施紧急制动，ABS 都能确保刹车距离最短，转向功能正常。(　　)

3. 在 ABS 建压阶段，常开进油阀和常闭出油阀均处于断电状态，此阶段和常规制动是一样的。(　　)